初中自能语文丛书

主编　庄文中

自能学习汉字

王贺玲　余澄清　著

商务印书馆
2011年·北京

图书在版编目(CIP)数据

自能学习汉字/王贺玲,余澄清著.—北京:商务印书馆,2009
(初中自能语文丛书)
ISBN 978-7-100-05479-9

Ⅰ.自…　Ⅱ.①王…②余…　Ⅲ.语文课-初中-教学参考资料　Ⅳ.G634.303

中国版本图书馆 CIP 数据核字(2007)第 063119 号

所有权利保留。
未经许可,不得以任何方式使用。

初中自能语文丛书
ZÌNÉNG XUÉXÍ HÀNZÌ
自能学习汉字
王贺玲　余澄清　著

商　务　印　书　馆　出　版
(北京王府井大街36号　邮政编码100710)
商　务　印　书　馆　发　行
北京市白帆印务有限公司印刷
ISBN 978-7-100-05479-9

2009 年 2 月第 1 版　　开本 880×1230　1/32
2011 年 10 月北京第 3 次印刷　印张 7

定价:16.00 元

初中自能语文丛书

出版说明

1961年，语文教育家叶圣陶先生提出，语文课之"最终目的为：自能读书，不待老师讲；自能作文，不待老师改"。四十多年后的今天，世界教育大势，从学会生存型向学会发展型推进，学习者不仅要会学、会用、会交际合作，而且要会发展、会创造、会提高文化素质，把自己培养成为发展创造型人才。回头来看叶先生的"自能"教育构想，愈发显得中肯而有预见性。"自能读书""自能作文"，不仅说明了语文教学的任务，更为语文教育工作者指明了语文教学的努力方向。

"自能读书"，就是让学生具备独立的阅读能力，养成阅读习惯；"自能作文"，也就是让学生具有独立的作文能力，养成写作习惯。无论是"自能读书"，还是"自能作文"，都融会了叶圣陶先生的"教是为了达到不需要教"的教育思想。"自能"强调独立，但并非要求学生脱离课堂和老师的教学独立学习，它提倡的是在老师指导下，有步骤、有系统、有目的地学习，在学习的过程中让学生学会自主学习，自主探究。

目前初中语文课本大都是综合型的，其长处是各种教学内容互相配合，能够发挥综合效应；短处是各种教学内容的知识能力系统不完善，随意性较大。

为此，我们根据叶圣陶先生"凡为教，目的在达到不需要教"的教育思想以及"自能读书""自能作文"的教学构想，遵照《全日制义务教育语文课程标准》，把教学内容适当分解，各个自成系统，组织编写了"初中自能语文丛书"。丛书共六种，合则扬课本教学内容综合效应之长处，分

自能学习汉字

则补课本教学内容系统不明之短处。丛书是一套自学型、发展型的自能语文丛书，编著原则是：

● 遵照课程标准规定，确保基础，又有所拓宽、提高，重在培养语文素质。

● 各册精选知识能力和语料，构成训练系统。重在训练，传授自学方法，培养能力，发展智力，积累语料，培养适应现代社会生活的语文发展能力。

● 学术性渗透于实用性、操作性，便于学生自学。

● 学生可以作为自学用书，教师可以用作学生选修的读本，或者家长用作子女辅导用书。

丛书分为六册：

自能阅读	程汉杰
自能写作	丁怀正
自能学习汉字	王贺玲　余澄清
自能运用词语	何贤景
自能运用语言	孙荻芬
自能文学欣赏	庄文中

我们衷心希望丛书能够成为老师和同学们延伸课堂、自主教学和自主学习的好帮手，希望大家通过语文听说读写的自主训练，实现语文学习上的全面"自能"，最终达到叶圣陶先生所说的"展卷而自能通解，执笔而自能合度"这一最高境界。

商务印书馆编辑部

2006 年 12 月

目 录

上 编

第一章 有关汉字的知识 —————————— 003
  一　汉字的起源 ················· 004
  二　汉字的性质和特点 ············· 005
  三　汉字与书体 ················· 007
    (一)甲骨文　(二)金文　(三)篆书　(四)隶书
    (五)楷书　(六)草书　(七)行书

第二章 汉字的构造 —————————————— 010
  一　象形字 ··················· 010
  二　指事字 ··················· 011
  三　会意字 ··················· 012
  四　形声字 ··················· 012
  五　记号字 ··················· 013
    (一)半意符半记号字　(二)半音符半记号字
    (三)独体记号字　(四)合体记号字

第三章 汉字的形、音、义 ————————————— 016

一　字形·································017
　　　　(一)笔画　(二)笔顺　(三)偏旁　(四)部首
　　　　(五)结构
　　二　字音·································034
　　　　(一)方言与规范读音　(二)同音字　(三)多音字
　　三　字义·································038
　　　　(一)语素义　(二)字义和形旁的联系
　　　　(三)一字多义　(四)古今字和假借字

第四章 ‖ 学习汉字的方法 ——————— 042

　　一　中学生的识字心理与识字特点············043
　　二　根据汉字的构造规律识字··················044
　　　　(一)古今结合　(二)部首归类
　　　　(三)基本字归类
　　三　根据汉字的结构特点识记汉字··············047
　　　　(一)根据已有的经验,以熟带生,识记生字
　　　　(二)在对照、比较中识记生字
　　四　在阅读中识记、积累汉字 ················048
　　　　(一)以义为中心,音、形结合识记汉字
　　　　(二)字不离词,词不离句,在语言环境中识记汉字
　　五　借助工具书学习汉字·······················050
　　　　(一)新华字典　(二)康熙字典
　　　　(三)中华大字典　(四)说文解字

第五章 ‖ 汉字的规范 ——————————— 053

　　一　规范汉字·······························053

(一)异读字
　　(二)异体字
　　(三)繁简字
　　(四)新旧字形
　二　防止写错别字……………………………………064
　　(一)分辨形近字,不写错字
　　(二)认清同音字,不写别字

续习与答案 ——————————————————— 073

下　编

第六章　‖小学需要学习的 2500 个汉字 ——— 091
第七章　‖初中需要学习的 1285 个汉字 ——— 111

上　　编

第一章　有关汉字的知识

汉字源远流长,是世界上最古老的文字之一,也是当今世界上应用人数最多的文字之一。汉字究竟有多少年的历史呢?从1899年河南安阳殷都故址发现的大批汉字来看,它至少存在3500年以上。最早的文字出现在3700年前的商代,是刻在牛的肩胛骨和龟背上的文字,这种文字称为甲骨文。1959年,在山东莒县发现的属于大汶口晚期文化的陶尊,上面刻有象形符号,被认为是早期文字,距今约有4500-5000年的历史了。古埃及圣书字和两河流域的楔形文字,虽然也是两种古老的文字,但已在公元前被埋在黄沙和断壁残垣之下了。唯独汉字流传使用至今,成为文字中最老的寿星。

汉字同世界上其他文明古国的古老文字一样,没有其他民族文字的启示和借鉴,是独立产生和发展起来的,其间经历了漫长的历史过程。

一 汉字的起源

汉字是怎样产生的呢?说法不一。

最早的说法是结绳记事。《易·系辞》说:"上古结绳而治,后世圣人易之以书契。"意思是说上古时代没有文字,人们用结绳来帮助记忆,到了后世,圣人才用文字取代了结绳的方式。那么,什么是结绳呢?原始社会的人用绳子打结来记时间、人数、男人或女人,打结的不同位置和形状,表达不同的意思,古书里有"结绳为约,事大,大结其绳,事小,小结其绳"的记载。不仅我国,古埃及、古波斯人,非洲、澳洲的土著人,都曾结绳记事,现在我国西南少数民族仍有结绳记事的习俗。可见,用结绳来记事,是帮助记忆、传递信息、长久地留给后人的记事方式,曾被广泛地使用。据说它始于渔猎时代。那时人们用绳结网捕鱼,在长期的劳动中,绳与人类的生活结下了不解之缘,用绳来记事,可能与这有关,但结绳不能算作文字,可以看作是发明文字前的探索。

刻契也是汉字起源的一种说法。刻契,是在竹子或木头上刻记号来记事,或记数、记账,或作为出使凭证,这是古今中外都普遍使用过的记事方式,在传递信息、记载事情上起到重要作用。然而,这也只是通信木条,相当于我国古代的符、节,还不能说成是有着横竖撇捺特点的汉字,只是表明契刻和文字有一定的关系而已。

汉字起源流传最广的说法是仓颉造字。仓颉造字是远古时代的神话传说。《淮南子·本经训》记载:"昔者仓颉作书,而天雨粟,鬼夜哭。"意思是说,仓颉造字的时候,天降米谷,神鬼在夜里哭泣。传说仓颉是黄帝的史官,他长着四只眼睛,目光炯炯,面相奇异,能仰观天象,俯察地理,辨鸟兽之迹,见人所不能见。这样一个超乎寻常的人创造了文字,可见文字对人类的巨大影响,文字的发明对人类生活的重要意义。当然仓颉造字只是传说,汉字不是个人的发明创造,而是社会发展到一定阶段的产物,是几十代人集体智慧的结晶。比如,上古汉字,异体字多,甲骨文中,同一个"羊"字,就有"羊、羊、羊、羊、羊、羊、羊"种种写法,可见非一人所为。当然,个人所作的搜集、整理和补订工作,加速了汉字的形成和发展,也具有重要的意义。

在谈到文字的起源的时候,人们自然会想到汉字起源于图画,图画的产生比文字早得多,在仰韶文化的遗物中发现大量原始人的绘画,距今有六七千年了。这其中,有人面、鱼、鹿、植物等图像。这些图画是用来做什么的呢?鲁迅在《门外文谈》中谈到:"画在西班牙的亚勒泰米拉洞里的野牛,是有名的原始人的遗迹,许多艺术史家说,这正是'为艺术的艺术',原始人画着玩玩的。但这解释未免过于'摩登',因为原始人没有19世纪的文艺家那么有闲,他画的一只牛,是有缘故的,为的是关于野牛,或者是猎取野牛,禁咒野牛的事。"这是说图画是用来记事、表示意思的,它和文字的发展有着直接的关系。文字起源于绘画,但绘画不等于文字。因为一幅画虽表示一定的意思,但没有固定的读音。当图画的线条趋于简单,画法趋于一致,能够读出音来,并表示一个确定的意思的时候,就成为最初的文字了。

二 汉字的性质和特点

了解了汉字的起源,汉字的性质也就容易理解了。从一般文字的属性看,汉字依附于语言,是记录语言的符号。口语的发展早于书面语的发展,在当时的社会条件下,语音一瞬即逝,既不能传递,也不能保留。

这一局限性促使人们需要一种符号，以不受时间和空间限制来传递语言和信息，于是文字便产生了。可见，文字是在语言发展的基础上产生的，是记录语言的符号。这是文字的基本性质。

　　文字分为表音、表形和表意三种形式。表音文字也叫拼音文字，是用一套字母来拼写语言里的词语，直接记录语言声音的，比如，"钢笔"这个词，英文写作"pen"，根据字母可以知道它读"[pen]（音标）"。由于音形统一的便利，世界上大多数国家使用的都是拼音文字，特别是英语，还成为世界通用的语言文字。表形文字通过描写实物的形体来显示字义，是从记事图画脱胎而来的文字。图画直接描摹事物，所以名为"表形"，实际上表形文字是表意文字的初级阶段。

　　汉字是表意文字。所谓表意，就是文字与语音不直接联系，每个字只表示音节，不能明确表示读音，但一个字有一个意思。确切地说，汉字是代表音节的表意文字。汉字形体发展演变到现在，已经失去了"象形"的意味，汉字确实成了"符号"。但不管怎样，汉字仍然有象形可寻，可以说是"不象形的象形字"。也就是说，从汉字的形旁中可以追寻字的意义。一个汉字代表一个音节，人，读作"rén"，"rén"包括声母、韵母和声调，它是一个音节，表示能用生产工具劳动、能用语言交际的高级动物的意义。所以说汉字是代表音节的表意文字。当然也有个别的情况，"儿化音"中一个汉字不代表一个完整的音节，如："玩儿（wánr）、花儿（huār）"。联绵词、音译词、叠词中一个汉字不表示一定的意义，如"崎岖、沙发、猩猩"等。

　　汉字是方块形的文字。现代汉字不管有多少笔画、部件，都均匀地分布在方方正正的平面框架内，所以有方块字之称。汉字不是从出现时起就是方形的，它经过相当长的演变过程。早期的汉字是图画，没有一定的格局。三千多年前的甲骨文，字形大小、长短不一，没有一定的规格框架。从金文到篆体，逐渐成为长方形，并且笔画圆转。从隶书到楷书，笔画呈扁平形，平直的笔画偏多，部件逐渐成型。发展到楷书阶段，正方形的方块布局形成，在一个平面方框内，点、线排列有序，笔画、部件相兼相容，形成一个个富有个性的汉字字形，成为独特的汉字书法艺术。

汉字之所以流传久远，主要原因是：汉字是表意文字，在方言复杂的地区可以超越方言的限制，成为通用的书面交际工具。文字的方块形体和表意性质，不容易自然演变为音形统一的拼音文字。

三 汉字与书体

书体是汉字的书写形体。谈到书体，一般认为包含两方面的内容，一是汉字发展变迁过程中的各种字体，如篆书、隶书、楷书；二是书法艺术上的各种流派，如欧体、颜体、柳体等，我们着重要了解的是前者，即汉字字体的发展演变。

（一）甲骨文

甲骨文虽然不是最古老的文字，但从出土的成批的材料来看，甲骨文是最完备的文字，被认为是字体演变的第一阶段。甲骨文是龟甲兽骨文字的简称，是商代后期和西周早期使用的一种文字。因为最初的文字是描摹实物，所以字体的特点是：图画性强，笔画繁多。因为使用的工具是刀子，在坚硬的兽骨上刻成，呈现在甲骨文字体上的特点是：笔画细瘦，方折笔多，大小不一，随意性大。

（二）金文

金，古代指金属，金文，指刻在钟鼎一类青铜器上的文字。金文在商代末期和西周盛行。金文的形体和结构同甲骨文相似，因为金文是把字刻在模子上再浇铸而成，比较容易写，所以它的笔画特点是：字形圆转，大小均匀。

（三）篆书

篆书分大篆和小篆。

大篆是春秋战国时代通行秦国的字体，以"籀（zhòu）文"和"石鼓文"为代表。周宣王史官教学生的识字课本《史籀篇》中的字体，现称为"籀文"，它相传是太史籀所造。在类似鼓形石头上刻的文字称为"石鼓文"。大篆是在金文的字体上发展而来，比金文更工整，笔画更均匀。小篆，又称秦篆。是秦始皇统一中国后通行全国的标准字体。旧说，由秦丞相李斯整理大篆，改造而成，小篆是在大篆的基础上，精简了笔画。小篆的推行，使古文字异体众多的情况有了很大的改变，笔画均匀，线条精细，字形呈长方，奠定了方块汉字的基础。

（四）隶书

旧说认为隶书是由小篆快写而形成的应急字体，因多为徒隶（即办普通文书的小官吏）使用，所以称隶书。秦代隶书和小篆并用，汉代成为通行字体。隶书由小篆的长圆改为方扁，汉字的部件调整、合并，如小篆"䗬"，隶化为"蜂"；"䨻"，隶化为"雷"。隶书是汉字史上简化的大变革。汉隶风格多样，以方笔为主的《张迁碑》和以圆笔为主的《曹全碑》是隶书字体的代表。

（五）楷书

楷书是兼隶、草之长而形成的一种字体。楷，法式、模范的意思，所以又名"正名""真书"。兴于汉末，盛于魏晋南北朝。楷书对于隶书来讲是化繁为简，对草书来讲是化草为正，它形体方正，横平竖直，笔画清楚，至今是汉字通用字体。

（六）草书

原指比正式字体写得潦草一些的字体。篆书、隶书、楷书通行时都有相应的草体。东汉时期,草书正式成为一种字体,并且有了名称。草书有章草、今草和狂草三种。章草是隶书的草写体,流行于东汉章帝的时候。今草是章草的继续,是楷书的快写体。从东汉末年流传至今。狂草兴于唐代,是在今草的基础上增减笔画,连写而成。唐代张旭是狂草的始创人。

(七)行书

魏晋时出现一种介乎于草、楷之间的一种字体,称为行书。行书不像草书潦草,又不像楷书工整,书写迅速便捷,易写易读。行书没有严格的书写规则。接近楷书的,可称"真行"或"行楷";草书味道更浓厚的,称为"行草"。它和楷书一样并行使用至今,是人们常用的手写体,实用价值很高。

从以上甲骨文、金文、篆书、隶书、草书、楷书、行书七种字体的演变过程可以看出,汉字字形总的变化趋势是由繁向简,每一种新字形的出现,都改变前一种字形难写、难认、难记的缺点,一次比一次简单易写。同时,汉字不断地趋于定型化、规范化。因此,逐步简化汉字,使之适应社会发展的需要,是符合汉字自身发展规律的。

第二章　汉字的构造

一　象形字

　　象形，顾名思义，指字的形状像物体的形状。象形字就是把实物的外形勾画出来的一种文字。它用形状来表示一定的意思。如："日"(☉)，像太阳的形象。"月"(☽)，像月亮的形状。"牛"(¥)，牛角上竖，像牛头。"羊"(￥)，羊角下弯，像羊头。"燕"(㷭)，像展翅飞翔的燕子。"网"(㚻、㘝)就像纲举目张的鱼网。"山"(⛰)像一座座峰峦起伏的高山。"人"(丿)，像一个人在行走。象形造字就像画画一样十分有趣，可它又不是绘画的象形，追求形似或神似，讲究艺术效果，而是抓住事物的特征，把实物的外形简单地勾画下来，表示一种象征意义。比如："鼎"

（䕺），画出了器物的大致模样，三足只画了两足，象征这种器物，不是完全的照葫芦画瓢。因为有些字完全依样画下来，反而不知道表示的意义，就得抓住特点来画，比如："齿"（䶌），如果光有上下牙的形状，人们不容易猜出确切的意思，连嘴一起画出后，牙齿的意思就突出出来了。

从造字上看，象形文字有一定的局限性。一些相似的事物是很难用图画表示出来的，如"狼""狗"，形近，难以区别。还有许多字表示抽象意义或复杂的事物，如"想""忧"，表示心理活动，用象形的办法就不容易描摹。由于这个原因，在《说文解字》的 9353 个字中，象形字只有 364 个，数量很少。而为数不多的象形字，作为造字的基础，和别的字组成合体字。如"人"，组成"伐、仙、侄"等；"贝"组成"财、购、贸"等。这样，汉字由表形向表意发展，于是指事字、会意字和形声字就产生了。

二 指事字

继象形字之后出现了指事字。什么是指事字呢？指事，就是用符号来指点意思、指示事物的特点。它是在象形字上加符号，或完全用符号来指示意思。用这种方法，表达象形字难以表示的复杂图形和意思。如："木"（朩），它像树木的形状，上边加一横（或一圆点），表示树梢（朩末）；下边加一横，就是树根（朩本）了。"刀"（㇌），像一把刀，上面加一点，表示刀刃的位置，即"刃"（㇌）字。这是在象形字上加符号的指事字。还有不借助象形字而完全用指示符号表示的字，如：在一条横线或弧线上加一短横（⌒），就是"上"字；在这条线或弧线下加一横（⌒），就是"下"字。这种用纯符号组合而造成的指事字，能表示抽象的意义。指事字和象形字不同的是，象形字描摹的是形象，表示的意思明显，而指事字用符号指点，猜想起来就困难一些。因此，在《说文解字》中，指事字也只有 120 多个。

三 会意字

一些抽象意义的字怎样表示呢？除了少量的指事字，人们还创造了会意字。会意，即会合意思，它把几个字或几个象形符号合在一起，用来表示抽象的意义。如"人"(𔒀)在"木"(朩)旁，意思是人靠在树旁休息，就是"休"(𠈌)字。"磊"(𠃬)，三个石头合在一处，表示石多成堆。"旦"(☉)，太阳从地平线上升起，表示早晨。牧(𤘗)，一边是牛，一边手拿木棍在赶牛放牧。这些是由不同的象形符号组合成的会意字。还有由几个字组成的会意字，如"尖"，上边小，下边大，表示尖形。"掰"，两手中间一个"分"字，表示用手把物体分开。会意字比象形字、指事字的造字功能要强，《说文解字》中的会意字有 1167 个。但是，由于会意字是两个以上形体的组合，可以表示许多抽象的意思，比如："休"(𠈌)字，人在树旁，既可以说人在树旁休息，也可以说人在树旁劳动，所以这种会意字也有一定的局限性。

四 形声字

用象形、指事、会意的方法造出来的汉字，只代表一定的意思，不能满足人们日常生活交往的需要。随着文字的发展，后来出现了能读出字音的形声字。形声字由"形"符(又称意符)和"声"符两部分组成，形符表示意思，声符表示读音。如："财"，形旁"贝"是财物的意思；声旁"才"表示读音。一个形旁加上不同的声旁，就可以组成不同的字，如：形旁"木"，可组成"柏""杨""松""枪""枫"；形旁"山"，可组成"峰""屿"

"岖"。形声字中,形旁和声旁的组成是多种多样的,如下:

左形右声:梧 汪 惜 城

左声右形:甥 雅 瓶 朔

上形下声:空 暑 茅 管

下形上声:想 裳 婆 斧

外形内声:衷 阁 园 匮

内形外声:问 辩 风 冈

俗话说,"秀才识字读半边",是说人们根据形声字的声旁能读出字音,根据形旁能了解字义。由于这个便利,形声字的发展成为主流,后来造的字大都是形声字,形声字占现代汉字总数的百分之八十左右。有的同学会问,形声字的声旁既能表音,为什么看着现代汉字的声旁却读不出正确的字音来呢?应该说声旁真正起到表音作用的,为数不很多。这其中原因很多,字音是发展变化的,古今音有很大的不同,当初能正确表音的,现在却不能正确表音了。如:"河"读 hé,形旁"三点水",代表意义,与水有关;"可",表音,而 kě,现在表示的只是个近似音。还有一些字的声旁已失去了表音的作用,如"江",声旁"工"已经不能表音了。

五 记号字

由于形声字的大量产生,需要文字的定型和标准,以适应社会发展、人们交流的需要,于是记号字出现了。记号字是由笔画组成的,各种不同的笔画搭配组合成不同的字型。它的字形简单、书写迅速、应用方便,是汉字史上的一大进步。汉字中,记号字的组成有不同的形式。主要有下面几种。

(一)半意符半记号字

半意符半记号字由意符和记号构成。这类字中有不少本来是古代的形声字。这些形声字中,有些字的声符在现代汉字中已不能表音或不能准确表音,只代表了一个记号,就把这类字叫作半意符半记号字。如:"刻"意符"刂",是"刀"的意思,字义是用刀子挖、雕。"亥"与"kè"的今音相距很远,已不能起到表音的作用,成为记号字。

(二)半音符半记号字

半音符半记号字由音符和记号构成。这一类主要来自古代的形声字。这些形声字中,有些字的形旁在现代汉字中已经不能表示相应的意义,只能把它作为记号,称为半音符半记号字。如:"匪",音符是"非",同现代读音;意符"匚",原来同"筐"有关,而在现代汉字中,"匪"的意思是"强盗,抢夺财物的坏人"。"匚"的原有的意思已消失,起不到表意的作用,而成为一个记号。

(三)独体记号字

独体记号字由一个记号构成,主要来源于象形字,是在象形字字形的基础上改造而成的。有些古代象形字经过历代的形体演变,已经不很像事物的形状了,只代表一个记号。如:"心",古字形(𠧧),像一颗心脏,现代汉字字形"心"已经看不出心脏的样子。"而",古字形(𠕋),像脸上的须毛,和现代字形"而"有很大区别。因此像这样的现代独体字的字音、字义都与古字形失去了联系,而成为记号字。

(四)合体记号字

合体记号字由两个或两个以上的记号构成。这类字来源较多,有的来自古代象形字,有些来自古代的形声字,有的则来自古代的会意字,等等。这些记号,既不表示字音,又不表示字义,都是记号字。如"特",原是形声字,形旁"牛",声旁"寺"。它的现代汉字的字义是"不一般,不寻常",字音是 tè,形旁、声旁都是记号字。

再如,"骗",原是形声字。形旁为"马"(原意是"跃上马"),声旁为"扁"。现代汉字的字义是"欺蒙",字音是 piàn,原来的形旁、声旁都成了记号。

第三章 汉字的形、音、义

文字是记录语言的符号。作为人类社会的语言,是有声语言,人们用嘴巴说话,进行交流,表达思想。把口头说的语言记录下来,就是书面语言,所用的记录符号就是文字。文字记录语言,是通过字的形状,来记录语音和语义的。可以说文字是音、形、义的统一体。汉字也不例外。汉字的方块字形,代表语言的读音和意义,意义通过字音和字形表达出来,读音和字形紧密联系。如:解,读 jiě,字形由角、刀、牛组成,表示双手解牛角之意,以分割动物的肢体,后来引申为分解、解除的意思。可以看出汉字音、形、义三者不可分割。

第三章 汉字的形、音、义

一 字形

汉字由笔画和部件组合而成方块字形。初学汉字的人会觉得笔画多,没有头绪,感到困难。其实汉字的组成是有规律可循的。它的规律是,由笔画组成部件,再由部件组成整字,而整字又按一定顺序排列而成。比如"青",由"青"和"月"两个部件组成,"青"和"月"两个部件又可以分解为"一丨一"和"丿冂一一"的笔画。据统计,汉字大约有三十多个笔画,可以组合成六七百个部件,六七百个部件又能组成几万个整字。比如:笔画"㇛丿一"组成部件"女",笔画"乛㇉一"组成部件"马",部件"女""马"组合成整字"妈"。

方块汉字是平面型的,有的笔画较多,搭配得错落有致,千姿百态,既不雷同又不单调,成为一种书法艺术而列入世界艺术之林。方块汉字比拼音文字字形所占的空间小,信息储藏量大,视觉能够很快地分辨。方块汉字的阅读速度比拼音文字快,汉字具有很大的优越性。它是世界上最古老而又先进的文字。

(一)笔画

成千上万个汉字的字形都是由笔画排列而成的,它是怎样把繁简不等的笔画摆成一个个优美的方块字呢?这就要进一步研究汉字的结构——它的笔画、偏旁和部首。

什么是笔画呢?从落笔到抬笔写出来的点或线叫笔画。笔画是组成汉字的最小单位。汉字的笔画数量不等,简单的汉字,一个笔画就是一个整字,如"乙、一";复杂的汉字,二三十个笔画才组成一个汉字,如"矗"有24笔,"齉"有36笔。笔画有不同的形状,我们称之为笔形。从书写的角度看,楷书的基本笔形有8种,称为"永字八法":点(、)、横

(一)、竖(丨)、提(一)、撇(丿)、捺(丶)、钩(亅)、折(乛)。如果把提归入横，把捺归入点，把钩归入折，现代汉字的笔形就是五类了，即横(一)、竖(丨)、撇(丿)、点(丶)、折(乛)，现代许多工具书的索引都采取这种方式。下面是笔画名称表。

汉字笔画名称表

笔画	名称	例字	笔画	名称	例字
丶	点	六	乛(フ)	横折	口
一	横	十	𠃌(㇉)	横折钩	月
丨	竖	中	㇆(ㄱ)	横撇	水
丿	撇	八	㇊	撇折	去
丶	捺	人	㇗	撇点	女
㇀	提	虫	乙	横折弯钩	九
亅	竖钩	小	㇄	竖折	山
丿	弯钩	子	㇉	竖折折	鼎
乀	斜钩	民	𠃉	竖折折钩	马
㇄	卧钩	心	㇋	横折提	话
㇄	竖弯	四	㇌	横折折	凹
㇄	竖弯钩	儿	㇅	横折折撇	边
㇗	竖提	衣	㇎	横撇弯钩	那
⺄	横钩	皮	㇅	横折折折	凸
㇂	横斜钩	飞	㇋	横折折折钩	奶
			㇌	横折弯	船
			㇋	竖折撇	专

对于每个汉字来讲，笔画数是一定的，多写一笔或少写一笔就会成为另外的字，如："厂"字多写一点就是"广"，"大"字多写一点就是"太"，

"鸟"字多写一点就是"鸟","代"字多写一撇就成了"伐"。每个汉字笔画的位置也是一定的,不能随便移动,位置不同就成了另外的字。如:"己、已、巳","己"字的左上角不封口,竖弯钩的上端稍长一点就成了"已经"的"已"(半封口),再长一点就成了"辰巳午未"的"巳"(全封口)。"未"字短横在上,长横在下,位置颠倒就成了"末"。每个汉字的形状也是一定的,长短撇捺马虎不得,如"天"字上边是一横,写成一撇就是"夭";"建"字下边的"廴"是建之旁,末笔是平捺,写成斜捺就不好看了。总之,汉字是十分优美的文字,写字时不仅要注意笔画数、笔画位置和笔画形状,把字写规范,还要一笔一画把字写美观,养成良好的写字习惯。

(二)笔顺

写字不但要一笔一画写清楚,还要注意先写哪一笔,后写哪一笔;先写哪一部分,后写哪一部分,把笔顺写正确。所谓笔顺,是指下笔的先后顺序。有的同学会说,只要把字形写正确,先写哪一笔,后写哪一笔并不重要。这种说法似乎有道理,其实不然。正确的笔顺是写字运笔的捷径,它能提高写字速度,例如:"为",正确的笔顺应该是"丶丿力为";"万",正确的笔顺是"一丆万"。按这个笔顺写字既美观好看,又便于写下一个字。按一定笔顺写,便于方块字的布局,使字写得方正均匀,疏密得当,如:"山"和"小",先写中间一竖,是为了找准基本线,再写左右两笔,就会使仅三笔的字的布局均匀、对称美观。按一定笔顺写也有助于查检汉字。汉字的笔顺是检字法中常用的一种辅助方法,按笔画数排列,如果不掌握笔顺,很难在众多笔画数相同或相近的汉字中,快速查找到所需要的字。

汉字的笔顺规则主要有哪些呢?见下表。

汉字笔顺规则表

规　则	例字	笔　　顺
先横后竖	十	一十
	干	一二干
先撇后捺	八	ノ八
	天	一二于天
从上到下	三	一二三
	豆	一ｒ｢｢ｒ豆豆
从左到右	地	一十土扚地地
	做	ノ亻仁什仕估估做做做
从外到内	同	｜冂冂同同同
	句	′勹勹句句
从内到外	函	｀了了了孖承函函
	廷	一二千壬廷廷
先外后里再封口	日	｜冂日日
	国	｜冂冂冋囯国国国
先中间后两边	小	亅小小
	水	亅刀水水

补充规则：

①正上、左上的点，必须先写。如：立：丶一立／头：丶丶头

②右上、里边的点，必须后写。如：戈：一弋戈戈／瓦：一丆瓦瓦

③"匠字框"（即"三框"偏旁）的字，先写上边一横，然后写里边，最后写竖折。如：匾：一扁匾

下面是汉字笔顺举例。

汉字笔顺举例

（说明：①此表所选例字多是笔顺难写的。②笔画多的例字不逐笔分解笔顺，只对易错的部位加以分析。）

笔画	例字	读音	笔　　顺
二画	九	jiǔ	ノ九
	乃	nǎi	丆乃
三画	叉	chā	乛又叉
	凡	fán	ノ几凡
	及	jí	ノ乃及
	门	mén	丶冂门
	上	shàng	丨卜上
	丸	wán	ノ九丸
	万	wàn	一丆万
	也	yě	乛乜也
	义	yì	丶乂义
	与	yǔ	一与与
四画	不	bù	一丆不不
	办	bàn	丁力办办
	车	chē	一车车车
	长	cháng	ノ一长长
	丹	dān	ノ冂月丹
	方	fāng	丶一方方
	化	huà	ノ亻化化
	火	huǒ	丶丶ノ火

四画	开	kāi	一二 于 开
	片	piàn	丿 丿'丿' 片
	区	qū	一 丆 区
	升	shēng	丿 二 升 升
	屯	tún	一 匚 口 屯
	瓦	wǎ	一 匚 瓦 瓦
	为	wéi	丶 丿 为 为
	牙	yá	一 二 牙 牙
	尹	yǐn	乛 ヨ 尹
五画	凹	āo	丨 凸 凸 凹 凹
	必	bì	丶 心 心 必 必
	北	běi	丨 十 土 北
	半	bàn	丶 丷 半 半
	册	cè	丿 丨 刖 册
	出	chū	乚 屮 出 出
	瓜	guā	丿 厂 爪 瓜 瓜
	弗	fú	乛 弓 弗 弗
	叫	jiào	丨 口 叫 叫
	可	kě	一 丆 可 可
	母	mǔ	乚 口 口 母 母
	鸟	niǎo	丿 勹 鸟 鸟
	皮	pí	乛 厂 广 皮 皮
	世	shì	一 十 世 世 世
	术	shù	一 十 才 木 术

第三章 汉字的形、音、义

五画	凸	tū	丨丨丿凸凸
	玉	yù	一二千王玉
	由	yóu	丨冂日由由
	永	yǒng	丶丿亅永永
六画	成	chéng	一厂厅成成成
	丞	chéng	乛了了丞丞丞
	耳	ěr	一丆丌丌耳耳
	考	kǎo	一十土耂考考
	光	guāng	丨丨丷半光光
	式	shì	一二丁式式式
	亦	yì	丶一亍亍亦亦
	亚	yà	一丁π亚亚亚
	再	zài	一厂币币再再
	兆	zhào	丿丿亅兆兆兆
	州	zhōu	丶丿丬州州州
七画	辰	chén	一厂厂厃辰辰辰
	丽	lì	一厂币币丽丽丽
	卵	luǎn	乛𠂋𠂋卵卵卵卵
	我	wǒ	丿二于手我我我
	巫	wū	一丁兀兀巫巫巫
八画	卑	bēi	丿丆白白白卑卑卑
	齿	chǐ	丨卜止止止齿齿齿
	垂	chuí	丿二千壬𠂎垂垂垂
	非	fēi	丨丨丨丨非非非非

八画	其	qí	一十十十卄벋其其
	肃	sù	⼘⼘⼘⼘肃肃肃肃
	臾	yú	丿𠃌𠃌𠃌臼臼臾
	制	zhì	丿𠂉𠂉𠂉制制制制
九画	曷	hé	丨冂冂日旦䒑曷曷曷
	甚	shèn	一十十十卄벋其其甚
	禹	yǔ	丿𠂉𠂉𠂉𠂉禹禹禹禹
	重	zhòng	一二⼆千千千重重重
十画	乘	chéng	一二千千千千乖乖乘乘
	兼	jiān	丶丷丷丷䒑䒑兼兼兼兼
十一画	兜	dōu	丿𠂉𠂉𠂉𠂉𠂉兜兜兜兜兜
	断	duàn	丶丷丷丷丷丷断断断断断
	爽	shuǎng	一𠃌𠃌𠃌𠃌𠃌𠃌爽爽爽爽
	缀	zhuì	𠃋𠃋𠃋𠃋𠃋𠃋缀缀缀缀缀
十二画	鼎	dǐng	丨冂冂目目𠀎𠀎鼎鼎鼎鼎鼎
	愤	fèn	丶丶丨丨忄忄愤愤愤愤愤愤
十四画	漆	qī	丶氵氵氵氵氵氵漆漆漆漆漆漆漆
	舞	wǔ	丿𠂉𠂉𠂉䒑䒑舞舞舞舞舞舞舞
	臧	zāng	一厂厂厂厂厂厂厂臧臧臧臧臧臧

在实际书写中,有些汉字的笔顺存在分歧。在这种情况下,可以参照 1997 年由国家语言文字工作委员会标准化工作委员会和国家新闻出版署出版的《现代汉语通用字笔顺规范》。在这本书中,明确了字表中难以确定规范笔顺的"火""叉""爽""乃"等字,调整了"敝""脊"等字的笔顺。

(三)偏旁

我们知道,笔画是构成汉字字形的最小结构单位,那么,比笔画大的"构件"就叫偏旁。如:汉字中的"小""大"是独体字,也是偏旁,"的"是合体字,其中的"白""勺",也是偏旁。80%左右的汉字是形声字,剩下的多数是会意字。形声字、会意字都是合体字,合体字是由偏旁组成的,如:"解",由角、刀、牛组成。因此,掌握偏旁、研究偏旁是学习汉字的基础。

偏旁中,表示字音的叫声旁,表示字形的叫形旁。偏旁,过去指在左边为偏,在右为旁。现在不同,在左、在右、在上、在下、在中间、在周围都可以叫偏旁,如皿字底、提土旁、田字头、同字框等。偏旁中,有的能独立成字,如:人、木、子;有的不能独立成字,如:辶、忄、阝、犭、氵。还有的在古代是独立的字,现在不是独立的字,如"匚、巛、厶、巜"。偏旁有大有小,大偏旁中含有小偏旁,如:"耸、想",其中"从""相"含有两个小偏旁。为了研究汉字的方便,有时把大偏旁称作部件,把小偏旁称为元件。

偏旁根据它的形状和位置有不同的名称,这个给学习和使用汉字带来极大的方便。见下面汉字部分偏旁名称表。

汉字偏旁表

名　称	偏旁	例字	名　称	偏旁	例字
两点水	冫	冶	雨字头	雨	露
秃宝盖	冖	写	建之旁	廴	延
言字旁	讠	讲	单耳刀	卩	即
厂字旁	厂	压	左耳刀	阝	陈
三框	匚	区	右耳刀	阝	部

立刀旁	刂	判	力字旁	力	加
同字框	冂(冂)	内	三点水	氵	河
八字头	八(丷)	公	竖心旁	忄	忆
八字底	八	兵	竖心底	小	慕
人字头	人	令	宝盖头	宀	实
单人旁	亻	伍	广字旁	广	康
包字框	勹	勿	门字框	门	问
又字头	又	圣	走之旁	辶	进
又字旁	又	双	提手旁	扌	拉
又字底	又	支	提土旁	扌	培
十字头	十	克	土字底	土	塞
斤字旁	斤	欣	尸字头	尸	屋
草字头	艹	艺	弓字旁	弓	强
大字头	大	夺	子字旁	孑	孩
大字底	大	奕	子字底	子	学
小字头	小	常	女字旁	女	妨
爪字头	爫	觅	女字底	女	要
西字头	覀	要	绞丝旁	纟	级
口字旁	口	吐	马字旁	马	驰
口字底	口	否	马字底	马	驾
方框儿	口	国	四点底	灬	热
巾字旁	巾	幅	火字旁	火	炼
巾字底	巾	带	心字底	心	思
山字头	山	岸	示字旁	礻	社

山字旁	山	岭	王字旁	王	理
山字底	山	峦	木字旁	木	村
双人旁	彳	彻	木字底	木	棠
反犬旁	犭	狠	歹字旁	歹	殊
食字旁	饣	饲	戈字旁	戈	战
车字旁	车	轨	四字头	罒	署
瓦字旁	瓦	瓯	欠字旁	欠	款
瓦字底	瓦	瓮	风字旁	风	飒
止字头	止	肯	殳字旁	殳	段
止字旁	止	此	穴宝盖	穴	究
止字底	止	芷	立字头	立	亲
日字旁	日	暖	立字旁	立	端
曰字头	曰	最	病字旁	疒	疾
贝字旁	贝	贬	衣字旁	衤	初
贝字底	贝	责	衣字框	衣	裹
见字旁	见	观	衣字底	衣	装
见字底	见	觉	石字头	石	泵
父字头	父	斧	石字旁	石	砂
牛字旁	牛	牧	石字底	石	碧
牛字底	牛	犁	目字旁	目	睁
手字底	手	拿	目字底	目	盲
反文旁	攵	政	田字头	田	界
月字旁	月	肌	田字旁	田	畴
月字底	月	胃	竹字头	⺮	筑

皿字底	皿	监	舟字旁	舟	航
金字旁	钅	铜	羽字头	羽	翼
禾木旁	禾	科	羽字旁	羽	翔
白字头	白	皂	丝字底	糸	素
白字旁	白	皑	走字旁	走	赴
鸟字旁	鸟	鸥	酉字旁	酉	醒
鸟字底	鸟	鹰	足字旁	𧾷	路
羊字头	𦍌	盖	角字旁	角	触
羊字旁	羊	羚	齿字旁	齿	龄
米字旁	米	料	佳字旁	佳	雄
米字底	米	粟	鱼字旁	鱼	鲜
耒字旁	耒	耕	革字旁	革	鞍
页字旁	页	颂	骨字旁	骨	骼
虫字旁	虫	蝗	麻字头	麻	磨
虫字底	虫	蚕	黑字头	黑	墨
缶字旁	缶	缸	黑字旁	黑	默
缶字底	缶	罄	虎字头	虍	虔
私字	厶	允	三拐	巛	巢
将字旁	丬(爿)	壮	春字头	夫	奏
弄字底	廾	异	登字头	癶	登
尤字旁	尢	龙	卷字头	龹	拳
三撇	彡	形			
折文	夂	冬			

(四)部首

多数汉字是由偏旁组成的,偏旁有声旁,有形旁。那些表意的偏旁(形旁)为首,凡含有同一形旁的字在其下,这就是一部;放在一部之首的那个偏旁就叫部首。如部首"人",这一部有"企""任""儒""俊""件"等。汉字是表意文字,同一部首的字往往和部首字所表示的事物和行为有关,例如:心部的字"想、思、情、慕"等和人的心理活动有关;木部的字"梅、椅、树、柏"等和木本植物有关。这样,根据字的形体,可以帮助我们了解字(词)的意义,而字的部首本身,也可以帮助我们分辨字(词)的意义,如:躯,在身部,从身旁可推知"为国捐躯"的"躯"当什么讲。此外,部首还可以帮助我们区别和确定一个字(词)的多种意义,如:本义,引申义。如果一个汉字有两种以上的意义,其中必有一个是本义,如:"道",在"辶"部,可以断定道路是它的本义,而方法、道理、学说、叙说等,都是引申义。

部首究竟有多少呢？东汉人许慎的《说文解字》是最早按部首编排的字典,把篆体汉字分 540 个部。明清以后,经过归类压缩、编排整理,在梅膺祚的《字汇》中,部首压缩为 214 个,后来的《康熙字典》《辞源》《辞海》都仿照《字汇》的部首,现在《新华字典》和《现代汉语词典》又减少为 201 个部。因为大多数部首属于形旁（意符）,许多能够说明字义的,所以了解主要的部首的本义,对于理解汉字的字义,对于识字和读古书,对于使用按偏旁部首编排的字典、词典,都有帮助。

汉字统一部首表(草案)[修订稿]

说　明

1. 本部首表为 1983 年中国文字改革委员会和国家出版局联合发布的《汉字统一部首表(草案)》的修订稿。这次修订,依据 1997 年 4 月国家语委、国家新闻出版署联合发布的《现代汉语通用字笔顺规范》，对部分部首笔形的归类和排序作了调整，并增加了部分变形部首。

2. 部首共 201 个，按笔画数和起笔笔形顺序排列。其繁体和变形加括号列出，以便按不同画数检索。右侧为例字。

3. 部首以简化字或繁体字为主，以原字形或变形为主，各种类型的辞书可以变通处理。

一画

[1] 一	二东	〔亻〕	仅修	[24] 又	友对
[2] 丨〔丨〕	中临	〔厂〕	反后	[25] 厶	允能
〔丨〕		[11] 八〔丷〕	分兴	[26] 廴	廷建
[3] 丿	九垂	[12] 人〔亻入〕	令禽	〔巳〕	卷卺
[4] 丶	为州	〔入〕	余籴		
[5] 一〔乚乚丨乙𠃌〕		〔𠆢〕	危兔	### 三画	
	了书	〔冂〕	用周	[27] 干	刊邢
〔乚〕	乡	[13] 勹	勿句	[28] 工	贡攻
〔乚〕		〔几〕	凤凰	[29] 土〔士〕	坚培
〔丁〕	习司	[14] 儿	元先	〔士〕	吉声
〔乁〕	乱亂	[15] 匕	北旨	〔扌〕	打拍
〔乚〕	乩乳	[16] 几〔几〕	朵凭	〔艹〕	荣菜
〔乙〕	乙	[17] 亠	亡京	[30] 寸	寿封
〔𠃌〕	乃	[18] 冫	冰减	[31] 廾	弊
		〔丷〕	兰酋	[32] 大	夺奖
### 二画		[19] 冖	冗冠	〔兀〕	尧尴
[6] 十	古华	〔讠〕	论话	[33] 尢〔兀允〕	尤尬
[7] 厂〔厂〕	历雁	[20] 凵	凶出	[34] 弋	式弑
[8] 匸	区匪	[21] 卩〔巴〕	卫却	[35] 小〔⺌〕	尕尘
〔卜〕	上占	〔阝左〕	队险	〔⺌〕	光堂
〔刂〕	刑刻	〔阝右〕	邦邻	[36] 口	可哪
[9] 卜〔⺊〕	卜卦	[22] 刀〔⺈刂〕	切券	[37] 囗	因圆
[10] 冂〔冂〕	同网	[23] 力	动势	[38] 山	岩峰
				[39] 巾	帅帽

[40] 亻	行得	[59] 王〔玉〕	主珠	[82] 片	版牌
[41] 彡	形影	[60] 无〔旡〕	无	[83] 斤	欣斯
〔犭〕	狗猫	[61] 韦〔韋〕	韧韪	[84] 爪〔爫〕	爪
[42] 夕	外多	〔耂〕	孝考	[85] 父	爷爸
[43] 夂	务夏	[62] 木	村查	〔忄〕	
〔饣〕	饥馍	[63] 支	翅敲	〔爫〕	采爱
[44] 丬〔爿〕	状妆	[64] 犬〔犭〕	哭献	[86] 月〔⺼〕	肢脱
[45] 广	庙唐	[65] 歹〔歺〕	殃殖	[87] 氏	氏昏
[46] 门〔門〕	间闻	[66] 车〔車〕	转轰	[88] 欠	欧歉
〔氵〕	泳湖	[67] 戈	戍戒	[89] 风〔風〕	飑飘
〔忄〕	性情	〔旡〕	既炁	[90] 殳	段殷
[47] 宀	宫富	[68] 比	毕皆	[91] 文	刘斋
〔辶〕	还送	[69] 牙	邪雅	[92] 方	放旗
〔彐〕	寻灵	[70] 瓦	瓷瓶	[93] 火〔灬〕	灭炉
[48] 彐〔彐彑〕	录	[71] 止	此肯	[94] 斗	斜斟
[49] 尸	尾屋	[72] 支〔攵〕	敲敷	〔灬〕	热照
[50] 己〔已巳〕	改忌	〔小〕	忝恭	[95] 户	启房
〔已〕	已	〔囗〕	冒冕	〔礻〕	视福
〔巳〕	导异	〔日〕	曹显	[96] 心〔忄⺗〕	态想
[51] 弓	张弧	[73] 日〔冃曰〕	明旧	〔聿〕	肃
[52] 子	孙孟	〔月〕	脊臀	〔爿〕	牁牂
[53] 屮〔艹〕		[74] 贝〔貝〕	则资	[97] 毋〔母〕	毋
〔艹〕		[75] 水〔氵氺〕	沓浆	**五画**	
[54] 女	奴婴	[76] 见〔見〕	览规	〔玉〕	玺璧
[55] 飞〔飛〕	飞	[77] 牛	牲犁	[98] 示〔礻〕	祢禁
[56] 马〔馬〕	驰驾	[78] 手〔扌龵〕	拳擎	[99] 甘	邯某
〔幺〕	象凫	〔龵〕	看拜	[100] 石	砍确
〔纟〕	纱综	[79] 气	氢氧	[101] 龙〔龍〕	垄聋
[57] 幺	幻幼	[80] 毛	毡氅	〔歺〕	
[58] 巛	邕巢	〔攵〕	政救	[102] 业	邺凿
四画		[81] 长〔長镸〕	长	〔氺〕	泰黎

[103]目	眼眉	[126]页〔頁〕	顺颗	〔車〕		
[104]田	界畦	[127]至	到致	[151]豆	豇豉	
[105]罒	罗署	[128]虍〔虎〕	虏虑	[152]酉	配醉	
[106]皿	盛盟	[129]虫	虹蚕	[153]辰	辱唇	
〔钅〕	钱铁	[130]肉	胬胬	[154]豕	豢豨	
[107]生	甥甡	[131]缶	缸缺	[155]卤〔鹵〕	舰碱	
[108]矢	知短	[132]舌	刮辞	〔貝〕		
[109]白	皂的	[133]竹〔⺮〕	竹	〔見〕		
[110]禾	和科	〔⺮〕	竿笆	[156]里	里野	
[111]瓜	瓞瓢	[134]臼〔臼〕	舁舅	[157]足〔⻊〕	跫蹙	
[112]鸟〔鳥〕	鸪鸳	[135]自	臭息	〔⻊〕	距跟	
[113]广	病疹	[136]血	衃	[158]邑〔阝右〕	邑	
[114]立	站竟	[137]舟	舢舷	〔臼〕		
[115]穴	穷窗	[138]色	艳艳	[159]身	射躯	
〔衤〕	补衬	[139]齐〔齊〕	剂斋	[160]辵〔辶〕		
〔聿〕		[140]衣〔衤〕	袋裂	[161]釆	悉释	
〔疋〕	疏	[141]羊	群	[162]谷	欲豁	
[116]疋〔⻍〕	蛋楚	〔⺶〕	差翔	[163]豸	豹貂	
[117]皮	皱颇	〔⺷〕	美羔	[164]龟〔龜〕	龟	
[118]癶	癸登	[142]米	类精	[165]角	斛解	
[119]矛	柔矜	[143]聿〔⺻聿〕	肄肇	[166]言〔讠〕	誓誉	
〔母〕	每毒	[144]艮	良垦	[167]辛	辟辜	
六画		[145]艸〔艹〕		**八画**		
[120]耒	耕榜	[146]羽	翎翠	[168]青	静靛	
[121]老〔耂〕	耆耄	[147]糸〔纟糹〕	系素	〔長〕		
[122]耳	耻职	〔纟〕		[169]卓	韩朝	
[123]臣	卧	**七画**		[170]雨	雪雷	
〔襾〕		[148]麦〔麥〕	麸麨	[171]非	辈靠	
[124]西〔襾西〕	要票	〔镸〕	肆	[172]齿〔齒〕	龄龈	
〔西〕	西	[149]走	赴超	〔虎〕	虓彪	
[125]而	耐耍	[150]赤	郝赦	〔門〕		

第三章 汉字的形、音、义

[173]黾〔黽〕	黾鼋	〔韋〕		[195]鼎	鼐鼒
[174]隹	隼雏	〔飛〕		[196]黑	墨默
[175]阜〔阝左〕	阜	十画		[197]黍	黍黏
[176]金〔钅〕	鉴鍪	[188]髟	髡髦	十三画	
[177]鱼〔魚〕	鲁鲜	〔馬〕		[198]鼓	瞽鼗
[178]隶	隶	[189]鬲	融翮	〔黽〕	
九画		[190]鬥		[199]鼠	鼢鼬
[179]革	勒鞋	[191]高	敲膏	十四画	
〔頁〕		十一画		[200]鼻	劓鼽
[180]面	勔靤	[192]黄	斠黇	〔齊〕	
[181]韭	韭	〔麥〕		十五画	
[182]骨	骺骼	〔鹵〕		〔齒〕	
[183]香	馥馨	〔鳥〕		十六画	
[184]鬼	魂魁	〔魚〕		〔龍〕	
[185]食〔饣飠〕	餐飨	[193]麻	磨靡	十七画	
〔風〕		[194]鹿	麝麋	〔龜〕	
[186]音	歆韵	十二画			
[187]首	馗馘			[201]龠	龢

（五）结构

汉字不同于拼音文字，它是方块型的，字型结构美观，被中外人士称誉为一座座典雅的建筑物。要写好汉字，首先要了解汉字的结构。我们知道，一个汉字包含了一个或几个偏旁，共同组成一个个方块字。这些偏旁在字中的位置不是杂乱无章的，而是有规律、成系统排列的，这就是我们要了解的字型结构。不了解汉字的结构，书写汉字时，只一笔一画、一个偏旁一个偏旁的拼凑，写出来的字自然会歪歪斜斜，不成样子。在一个方块字里，各个组成部分是相容相让、互相适应的，这样可使字的间架结构方正平稳，疏密得当。

在7000个通用汉字中，独体汉字有236个，占少数，书写时要注

意找准中心,斜中求正,笔画均匀,如"飞、大"等。合体字有6764个,间架结构的基本形式主要有下面7种:

①左右结构。如:亿、江、明、挺。

②左中右结构。如:狱、街、撤、树。

③上下结构。如:呆、盆、蛋、雷。

④上中下结构。如:曼、复、言、鼻。

⑤全包围结构。如:四、团、回、国。

⑥半包围结构(包括两面包围和三面包围结构)。如:居、句、建、区、画、风。

⑦对称结构。如:坐、巫、爽、粥。

书写左右结构的字,要左依右傍,左右盼顾,互相谦让,如"信"。书写左中右偏旁组成的字,要高低错落,两边小、中间大,如"办";或两边大、中间小,如"辩",书写上下结构的字,要上小下大,上坐下托,重心下落,如"矣、菩、晶"。书写倒品字的字,要上收下展,头轻脚重,如"婴"。书写半包围结构的字,要内旁不能露出框外,外旁要包得住,如"勾、句、函"。书写对称结构的字,要对称均匀,如"爽、承、乘"等。

二 字音

现代汉字是怎样表音的呢？现代汉字中一个方块字形代表一个音节,一个音节是由声母、韵母和声调三个要素组成的。如"我们",这两个字形代表两个音节,不像许多拼音文字的字母,代表的是一个音素,也不像日本文中一个方块可代表几个音节,一个音节只用一个固定的符号表示。现代汉字的字形大都不能准确表音,见到一个汉字如果原先不认识的话,大都不能根据字形准确地读出字音来。如:"茁、拙、咄、屈、绌"都以"出"为声旁,但分别读"zhuó、zhuō、duō、qū、chù"。有的同学会说古代秀才识字读半边,形声字的声旁不是有表音作用吗? 这话并不错,但是由于古今字音的发展和汉字形体的变化,形声字中半边的声旁,当初能够表音的,现在往往只有表音成分,而失去了表音的作用,如"河",音旁"可"也只表近似音。那么,怎样读出正确的字音呢?根据汉字的发展变化,人们创造了一套注音工具。在古代,用直音、反切。直音是用简单的熟字注生字的办法。反切是分别取用两个字的声、韵母来拼出生字,如"力,了(声母)一(韵母)切"。后来采用注音字母,用专用符号代表字音,如:ㄅㄆㄇㄈㄎㄉㄊㄋㄌ……20世纪50年代后通用汉语拼音方案,一直沿用至今。

(一)方言与规范读音

我国幅员广阔,人口众多,不同地域的人有不同的语言,这就是方言。我国方言复杂,全国有七大方言区(也有人认为有八大方言区),北方方言、吴方言、湘方言、赣方言、客家方言、闽方言、粤方言。现代汉字的读音,因地域不同而不同,如:"庸、泳",有的方言把"yong"读成"rong"。汉字不是拼音文字,再加上存在古今音、文白音、方言等差别,增加了掌握汉字的难度,因此需要统一规范读音。

1955年,国家教育部和中国文字改革委员会召开全国文字改革会议,通过了推广普通话的决议。普通话是以北京语音为标准音,以北方话为基础方言,以典范的现代白话文作为语法规范的现代汉语标准语。我们现在根据汉语拼音方案,正确拼读出的语音就是普通话。由于北京语音有不规范之处,有时同一个汉字出现两种以上的读音,这叫作异读字,如"波"读"bō、pō"两种读音;"凹"读"wā、āo、yāo"三种读音。这就需要给这些异读字规定标准字音,废除异读音。1985年,国家文字改革委员会和国家教育委员会发出通知,规定以《普通话异读词审音表》为标准读音,统一规范了字音,至今仍作为我们学习汉字标准字音的依据。

(二)同音字

同音字,指读音相同而形体和意义不同的字。比如:"义、意、艺、异",这组字的声、韵、调都相同,"烟、言、焰、掩",这组字声母、韵母相同,而声调不同。

为什么会有同音字的现象呢?主要是由于汉语音节形式少、而汉字数量多造成的。普通话的音节只有400多个,加上声调的音节也只有1300个左右,而汉字有上万个,必然会出现同音字现象。另外由于古今字音的变化,一些异音字变成同音字。在古代,语音是很丰富的,据《广韵》记载,声母有30个,韵母有92个,声调有平、上、去、入四声,而且分阴平、阳平。而现在的汉语拼音方案中,普通话声母有21个,韵母有39个,声调也只有阴平、阳平、上声、去声4个,入声已消失,汉语语音系统越来越简单。同音字在实际应用中较少发生混淆,人们可以通过不同的字形去分辨,如:"青、清、请、情",同音字可以用来给难字注音,也就是直音法,认识同音字有助于我们集中认识汉字,掌握更多的汉字。

(三)多音字

多音字是指一个字有几种不同的读音,形成一字多音的现象。如"差",有"chāi、cī、chā、chà"四个不同读音。现代汉字中有相当一部分多音字。在现代汉语通用字中,每10个字中就有一个多音字。这些多音字是怎样形成的呢?造字之初,汉字是一字、一音、一义的,在语音发展过程中发生了变化,主要有这样几种情况。

①古今读音的变化。如"华",古读 huà(华山),今读 huá(中华);"千乘之国"中的"乘",读 shèng,今读 chéng;"否极泰来"中的"否",读"pǐ",今读"fǒu","是否"的"否";这是古今音并用形成多音字。

②书面语和口语读音的变化,有些字在古代只有一个音,后来书面语和口语读音分化了,出现多音字的现象。如"薄",书面语读"bó"(薄弱),口语读"báo"(纸很薄);"剥",书面读音是"bō"(剥削),口语读音是"bāo"(剥东西);"露",书面读音是"lù"(暴露),"lòu"是口语读音(露出)。

③方言读音和普通话的并用。如"瘪",普通话读 biě(干瘪),吴方言读 biē(瘪三);排,普通话 pái(排列),北方方言读 pǎi(排子车)。

④还有一些简化字代替两个读音不同的繁体字,如"干"读"gān"和"gàn",代替"乾"和"幹"两个字;"发",读 fā 和 fà,代替發和髮两个字。

⑤文言文中用字假借。如"说",本义是解说,读 shuō,借以表示喜悦的意思,读 yuè,同"悦";亡,本义为"逃跑",读"wáng",借为"没有"的意思,读"wú"。

1. 多音字的辨别

多音字在汉字中占比例很大,给学习汉字带来不便。许多人没有掌握多音字的读音,造成误读。怎样辨别多音字呢?要从意义上、词性上和用法上区别,如"挨"(āi),表示"靠近、依次"的意思,"挨着窗户";读(ái),指"拖延"的意思,"挨打,挨时间"。"奇"(qí),罕见、特殊的意思,"奇闻、奇特";(jī),单个、单数的意思,"奇数",这是根据字的意思辨别读音。像"畜"(chù),名词,"家畜、牲畜";读(xù),动词,"畜养、畜牧",可以从词性上去分辨。像"术"(shù),一般用法是"技术、艺术";读(zhú),用于中药名词"白术、苍术"。"仇"(chóu),一般用于"仇恨、仇人";读"qiú",用于姓氏,这是从一般和特殊用法上区别。还有一些词单用和复合用时读音不同,如"给","给东西"中是单音词,读"gěi";用在"供给、给予"中就读(jǐ)了。还有一些是书面语和口语的区别,如"色",读(sè)时是书面语,"颜色、色彩";读"shǎi"时就是口语了,"掉色了"。

多音字的读音很复杂,根据一定的语言环境,联系上下文来据词定音,是我们学习中常用的方法。

2. 多音字的整理和规范

多音字虽然可以区别字义和用法,但数量过大,成为学习汉字的难点。这就需要对汉字的多音字进一步归类整理。去除多余的、不必要的读音,尽量一字一音,以减少学习的难度。1985年,国家语言文字工作委员会和国家教育委员会颁布的《普通话异读词审音表》中,整理异读词,重新审订字音,使读音更规范、标准。主要的做法如下:

①原来有几种读音的,现在统一为一种读音。如"橙",原有两种读音,读"chéng"(橙子)和"chén"(橙皮),现统读为"chéng"。

②在原有读音上,又增加新的读音。如:"颈"原读"jǐng"(长颈鹿),又增加读音"gěng"(脖颈子)。还有的分成文白两种读法,如"熟",读"shú"(熟悉)是书面语,读"shóu"(饭熟了)是口语。

③原来读甲音的统读为乙音。如"猹"读"zhā",现统读为"chá"。

④原来有几种读音的,现在有所变化。如"骨",以前读"gú"(骨气),"gū"(骨朵),"gǔ"(骨头),现在《审音表》中审订为:除"骨碌""骨朵"读"gū"外,都读"gǔ"。

三 字义

(一)语素义

什么是语素?语素是最小的、构成词的语言单位,是语音和语义的结合体,如"笔、葡萄、我、的"等。现代汉字多数字的字义是语素义,也就是说,大多数汉字都有一定的意义,单独一个字不能表示意思时,和别的字组成词来表示意义,如"玻璃、乒乓、琵琶"等,字义来自它所记录的语素的意义。

(二)字义和形旁的联系

汉字是表意文字。造字之初,汉字的形体都能说明它表示的意义。象形字,代表的是常见的实物,如"⛰",代表一座座峰峦起伏的高山。指事字的意义是用"指点"的方法表达出来,如"⼑",刀字上面加一点;会意字可以"意会",如"🌅",表示太阳从地平线上升起;形声字的意义同形旁有关系,形旁是表意成分,如"财",左边形旁,表示财物的意思。从甲骨文、金文到小篆,在字的形体上可以直接看出汉字表示的意义。现代楷书的方块字也可以通过分析部首来推知许多汉字的意义,如"俘",左边形旁表示水,右边上部是"手"(爫),下边"子"(𢀓),合起来的意义是,用手把孩子拉到水面上。从偏旁的分析,可以推测出是"浮"的意思。可见,汉字的字义和形旁有着密切的联系,可以说从字形中了解字义,是事半功倍学习汉字的有效方法。

我们知道,在《说文解字》这本书中部首和所属的字义有关,是从文字学的角度出发来编纂的,如"篡"字,在《说文解字》中是厶部,从厶算声(厶,古私字),能说明"篡夺、篡位"的字义。而《说文解字》以后的辞书,为了检字的方便,部首体现的是笔画体系,如"篡"字,后代的字、词典把它归在"竹"部,竹与"篡"的字义无关,不能揭示字义,这种情况只是少数。因为汉字是表意的,《新华字典》中有201个部首,其中大多数部首还是属表意偏旁,这些部首是能说明字义的。如"桃、树、杏、李",形旁"木",表示树木一类的事物。如"爸"在"父"部,"船"在"舟"部,可以推断,父是爸,舟是船,意义完全相同。可见汉字的字义和形旁联系紧密,部首具有直接表意的作用。

(三)一字多义

一个现代汉字具有多种意义,即一字多义。一个字只有一种意义,叫单义字;有多种意义的,叫多义字。据统计,《常用构词字典》中收常用字3994个,其中多义字有2873个,占字数的71.93%,可见汉字中多义字所占的比例很大。一字多义,加大了字的权词能力,丰富了字的内容,又扩大了字的使用范围,使词汇丰富起来。

多义词除本义外,还有引申义、比喻义。字的本义是指字的原始、最初的意义;引申义是由本义直接引申、派生出来的意义。如"饮",本义是"喝",引申为"可喝的东西"。"管",本义是"管子",引申为"统管"。比喻义不是直接从本义发展而来,而是通过本义借喻而成,如"铁",本义是"一种坚硬的金属"(铁矿),比喻义是"坚硬"(铁拳)、"确定不移"(铁的意志)。

(四)古今字和假借字

一个方块汉字有多种意义,从汉字造字及发展来看,有些是古今意义的变化和假借汉字而形成的。由于不同的意义形成了多种写法,为了准确理解汉字的字义,需要进一步认识和掌握古今字和假借字。

古今字,是就时间先后说的。出现在前的叫古字,出现在后的后起字叫今字。比如说:《墨子·公输盘》中的"公输盘不说",其中的"说",是"悦"的意思,用的是古字"说",表示喜悦的意思。后来,人们创造了"悦"字,"悦"就是今字了。为什么会产生古今字呢?因为古代汉字少,往往一字兼多职,用较少的汉字表达丰富的语言,使用起来有所不便。因此,后世为了减少字的兼职现象,不断创造新的形声字,一个古字能分化出来两个以上的今字,于是,汉字越来越多。如,上古的"辟",代表"避、僻、譬"等字的意思,后来新造出"避、僻、譬、癖",以表达不同的语言内容。

假借字,指"同音代替",借用一个音同或音近的字来表示另一个词的字。一般是口语里有这个词,没有书写这个词的字,借用现成的同音字代替。假借一般是在同一时代汉字互相替代或共用。如"自",甲骨文作"㠯"是鼻子的象形字，假借为"自从"的"自"。"而"(帀)本义为胡须，借以表示连接。"北"(㐺)，本义是二人相背而坐，假借为"东西南北"的"北"。假借字中有种种情况，有的字被借，借了不还，本义另造字，如"孰"，本义是食物加热到可吃的程度，后借为疑问代词，为了区别本义和借义，本字另造新字，加形旁"火"成为"熟"。还有一些汉字，被借的本义和借义并用，如"会用"的"会"，借为"会计"的"会"，本义和借义并用。还有的本义已消失，而借义还存在。如"难"字，从"隹"(zhuī)，本义指鸟名，假借为"难"，鸟名的本义已消失。"骗"字，从"马"，本义是"蹁而上马"，现在借为"欺骗"的"骗"，本义已消失。

第四章 学习汉字的方法

汉字是重要的书面交际工具，与人们的学习、生活、工作、日常交际息息相关。进入信息社会以来，汉字音序、部首编码和五笔字型的输入，都充分发挥了汉字的作用。同时，也对汉字的规范化及掌握汉字的精确化提出了进一步的要求。由于汉字字数多、结构复杂、语音繁难等特点，学习汉字会遇到很多困难。这就要下一番苦功，还要按照汉字的字形规律，采用恰当的学习方法。对于中学生来讲，在小学阶段已经学习了2500多个汉字，具备了基本的识字、写字能力，进入中学后还要继续学习1000多个汉字，学习并掌握更为复杂的语言现象。因此，从新的高度来认识汉字，开掘汉字更深厚的文化内涵，是十分重要的。也就是说，要学习一些汉字的知识，了解汉字的性质、特点，以及汉字的字形结构及演变过程，认识汉字自身发展的规律，将有助于事半功倍、积极而有效地学习汉字、掌握汉语。

一 中学生的识字心理与识字特点

中学生应该怎样学习汉字呢？首先要了解中学生的学习心理和识字心理。心理学研究表明：中学期间，学生的学习心理有较大的变化，其智力迅速发展。在观察能力上，观察事物的持久性、稳定性增强，不仅能注意事物的外部特征，还能抓住本质属性，能分清主次，发现因果关系。记忆力达到了新的水平，很少用机械识记的方法，多是采用意义识记的方法，力图找出事物的内在联系来识记。在思维上有较大的发展，改变了小学阶段以形象思维为主的特点，抽象思维占有重要地位，但仍需要具体、形象思维来支持。能进行恰当的判断、归纳和推理，能理解事物的复杂性，找出事物的内在规律。同时，思维的独立性和批判性也在发展，有一定的独立思考能力和思维的创造性。

从识字的角度看，中学生脱离了小学阶段机械识记汉字的方法，能在理解的基础上记忆，大脑中已具备比较完备的自动编码能力，能将汉字信息有系统地储存起来，使汉字保持长久的记忆。还具备识记汉字的基本能力和经验，具有精细的比较和分析字形的能力；能自觉地通过分析、比较，找出字形各部件之间的内在联系，并运用记忆系统中的旧有经验，加工处理，建立新的知识结构系统，以达到牢固掌握汉字。这些学习汉字的心理基础和基本能力，是继续扩大学习汉字的有利条件。

在中学阶段，识字的主要特点是什么呢？中学阶段要扩大学习的1000个常用汉字，不规则地分布在6-8册的初中语文课本中，平均每册约一百多个生字，平均每课要学习的汉字有5-8个（每课生字的多少取决于课文内容的选择)。这样看来,以学习课文为主,在阅读课文中分散识记生字;以学习词语为主,在掌握词语中识字,应该是中学识字的特点。由于小学阶段学习了大量笔画简单的独体字、象形字,那么,认识大量的合体字,应该成为中学学习的主要内容。这就需要充分运用学生的分析和比较字形的能力,进行部件拆分和组合。这也成为中学生识字的特点。

经过小学阶段的学习,中学生已具备识字的基本能力和学习汉字的基本方法。在中学语文教学中,识字已不再作为重点。正因为如此,学生往往容易忽略汉字的学习,不主动寻求最佳的识字方法,不注重汉字的精确掌握。因此,探讨适合中学生的识字方法,加大识记汉字的力度,培养高效识字的能力,应成为中学语文学习的重要一环。

二 根据汉字的构造规律识字

汉字是音、形、义的统一体,字形是识记汉字的关键,而字形的组成是有一定的规律的。掌握了规律,辨认、掌握字形就不难了。王筠说:"先取象形、指事之纯体教之,纯体既识,乃教以合体字,又须先易讲者,而后及难讲者。"先学独体字,后学合体字,先易后难,循序渐进,是前人学习汉字的经验和总结。其中象形字、指事字、会意字都有其构成的特点,尽管现代汉字已成了不象形的象形符号,但终究有规律可寻,特别是汉字百分之八十以上是形声字,一部分表音,一部分表意,这样的构造特点,有利于我们高效率地识字。

(一)古今结合

象形字、指事字、会意字约占汉字的百分之二十,现代汉字由此发展而来,从现代汉字的字形中依然可辨当初造字的痕迹。如果我们联系

第四章 学习汉字的方法

字源和造字方法，并加以分析，就能容易识记和分辨字形，了解字义。如：古象形字和今字的对比，爪（𠬝）像人手或兽爪；瓜（𤓰）像带瓜蔓的瓜形，从象形字和今字的比较来看，就可以认清"爪"和"瓜"的区别了。再如"即"和"既"，"冠"和"寇"在字形和用法上不易区分，通过分析象形字字形的意义，就可以弄清并掌握它的用法了。详例如下：

即（𠨍），一个人跪坐在盛有食物的器具前。古文字形是"就餐、就位"的意思，由"就餐"引申为"靠近"，如"若即若离""可望而不可即"。

既（𣢀），一个人吃完食物后回顾左右。古文字形表示已经吃过了的"已经"的意思。如"既成事实""既往不咎"。

冠（𠕋），"冖"表示带子，两头牵拉着，"𠘧"是人的头部，"又"表示手。三部分合起来的意思是，手拿着带子把头发扎在头顶上。这个带子叫冠，引申为帽子。

寇（𡨥），"攴"表示手持武器，"宀"，表示房子，"𠘧"表示袭击人的头部。古字表示持械侵犯，现引申为来犯之敌、入侵者。

（二）部首归类

汉字是表意文字，部首一般是形声字的形符，有字义归类的作用，能帮助我们分析字形，辨别意义。如"草字头"部，同一部首的"茄、苗、苔、茏"等字都与草类有关。"竹"部，同一部首的"笛、笞、筇、笼"都与竹子或竹制品有关。尽管"笛、苗""茄、筇""苔、笞"字形相近，但通过部首分类，能把字形和字义区别清楚，避免混用。另外，同一部首的字都与部首有密切的联系，如"笊（zhǎo）、爬、抓"，与部首"爪"有关，表示用手抓的意思。"瓢、瓤、瓠（hù）、瓞（dié）"和部首"瓜"有关。"林、栎、柳、柘、柏、椅"与木或木制品有关。这样通过认识一个部首、一个汉字，就能掌握一大串汉字，收到事半功倍的效果。

部首归类举例如下：

扌　搓　摧　揣　攒　捶　掸　拽
疒　疮　疤　癌　瘫　瘤　瘐　瘩　疾
衤　褂　裙　衩　袍　袄　衫
礻　祈　祷　祖　祥　福　祠　礼
忄　懂　惨　愧　憷　悯　惆　怅　怖
氵　潮　滨　沧　涧　涛　渊　湾
气　氧　氦　氪　氮　汽
口　咳　哑　咒　咀　吼　呐
火　炮　焙　灼　烫　烤　烬　焰

(三)基本字归类

人们把形声字共同具备的声符叫基本字。如："钉、盯、叮、仃、町、疗、订",其中基本字"丁",是它们的共同声符。"丁"配上不同的偏旁,"目、金、口、人、言、疒、田",就会带出一大串合体字。基本字带字的特点,是有共同的声旁,在读音上有相同或相近之处,就便于确定不认识的字的读音。此外,根据基本字中的声旁,可以辨形释义,如:"目"旁与"眼"有关,"盯",是用眼看的意思。"金"与金属有关,组成"钉"。"疗","疒"字头,与病有关,表示毒疮的意思。类似的还有"理、鲤、娌、狸""清、情、菁、睛、晴""枰、砰、苹、坪、鲆""柚、铀、蚰、邮、油"等,其中的"里""青""平""由"都是基本字。

基本字归类,举例如下:

昌—猖　倡　娼　唱
查—喳　碴　渣　猹　揸
当—铛　挡　档　裆
又—权　衩　汉　钗
巴—靶　疤　芭　耙　笆　钯　琶

包—胞 饱 鲍 狍 刨 咆
扁—编 蝙 匾 煸 偏 篇 骗
皮—疲 披 被 跛

三 根据汉字的结构特点识记汉字

汉字中一部分规律性强的,可以采用上述的方法学习,对于汉字中古今音义变化大、一般难找到构字规律的汉字,可以用多种方法学习。

(一)根据已有的经验,以熟带生,识记生字

新的知识经验是在旧的知识经验基础上发展而来的,小学时所掌握的独体字、笔画、偏旁部首,都可以作为识字经验,用来新学汉字。可以用熟字自然引出生字的方法来学习,一是用熟字加上偏旁带出生字记忆,二是改换熟字的偏旁带出生字记忆。如,"阿""那"分别加上"女字旁",就成为"婀娜";"满""栅"去掉"三点水"和"木字旁",分别换上"足字旁"就是"蹒跚"。

(二)在对照、比较中识记生字

中学生的比较能力优于小学生,摆脱了小学生观察中的泛化现象,在比较字形、字义的异同时,不仅能找出相同点,还能准确地找出相异点。不仅能看到字形的整体区别,还能够注意到字形细微的差别,这对于识记生字大有益处。根据这一心理特点,对字形结构进行比较,如形近字"戍、戌、戊",找出它们的共同点和不同点,可以抓住特点(戍点、戌横、戊中空)来记忆,也可以把它组成语句,"戍守边疆""戌时""甲乙丙丁戊",在语言环境中比较记忆。对于近义词和反义词,可以组成词语或句子进行比较,有利于牢固记忆。

四　在阅读中识记、积累汉字

（一）以义为中心，音、形结合识记汉字

前边说过，汉字具有表音、表形、表意的特点，是音、形、义的统一体。学生识字的过程，就是建立音、形、义统一联系的过程。不同年龄阶段的学生，对音、形、义三方面感知程度不同，可以由此确定识字的着重点。小学阶段，是在自然口语的基础上学习汉字，音和义在日常生活中有所接触，上学后首次认识字形。因此，字形成为音、义中认识的重点，如笔画、偏旁、部首的间架结构等。对于中学生来讲，在汉字的音、形、义三方面，由于具备了一定的分析字形的能力，特别是在阅读中识字的特点，决定了应以义为中心，建立音、形的联系，从中识记汉字，也就是在了解字义的前提下感知字音和字形。如，"举箸提笔"中的"箸"，在阅读中了解到是"筷子"的意思，而筷子是由竹子做成的，由字义进一步想到字形（竹字头）和字音（zhù，与"者"音近），这样以义为中心，形、音结合就容易记住"箸"字了。

（二）字不离词，词不离句，在语言环境中识记汉字

中国的汉字数量多，仅《现代汉语通用字表》中，就收集了现代汉语通用字7000字，其中包括2500个常用字，1000个次常用字。这些汉字丰富了汉民族的语言，形成了汉语博大精深、表现力强的特点。中学生具备了一定的识字能力和阅读能力，为扩大阅读奠定了基础。但中学生作为汉语、汉民族文化的继承者，只学习课内的3500个汉字是不够的，要通过自学扩大识字量，要在大量的课外阅读中去获得。在广泛的阅读中，识记生字，丰富词汇，掌握语句，体会语感，了解文化，提高素养。

怎样在阅读中识字呢？

第四章 学习汉字的方法

首先要渐碰渐熟,扩大识字量。

我们在阅读的时候,往往会被书中的情节所吸引,急于了解书中描写的精彩内容,而大段大段地快速阅读,对于书中出现的生字,或懒于查字典,或猜测字义,或干脆带过。这样下去,不仅不能增加识字量,还会误读一些生字,影响阅读效果。正确的做法应该是,对于阅读中出现频率高的常用生字,特别是对理解句子内容有重要影响的生字,应及时查字典,弄懂字义,认清字形,读准字音。如"刚愎自用"这个常用的成语,其中的"愎"是个生难字,一是字义不好理解,二是容易错读成 fù。及时查字典才能弄清楚,读 bì,乖戾、执拗的意思,继而掌握它。对于出现频率低的非常用字,字义浅显,能通过上下句的内容,推测出字的意思,可以暂不查字典,在渐碰渐熟中去逐渐认识。如"满目疮痍"中的"疮痍",是个非常用字,也是形声字,从形旁"疒",可以看出是皮肤有伤、溃烂,从字的声旁"仓夷",可以猜出读"chuāng yí",联系上下句:"飓风造成的破坏满目疮痍,电线挂在树枝和房上,巨大的广告牌在地上被摔得粉碎",可以看出,"疮痍"在句中用来比喻遭受灾害后的景象。这种情况,在大量的课外泛读中经常遇到,是认识非常用字的常见方法。对于一些非重要的生难字、译音字、生僻的地名字等,可以一读而过。这样既能保证阅读速度、阅读质量,又学习、掌握了生字。大量地阅读课外书籍,可以使以前学过、见过的生字反复再现,根据记忆规律,可以加深大脑记忆的痕迹,从而达到长久记忆。我国传统的识字方法,也是注重通过大量的阅读识字。古人识字,首先要读基本的识字启蒙课本,如《三字经》《百家姓》《千字文》等,掌握了二三千个汉字后,在阅读古诗词、韵文、古文等书籍中,渐碰渐熟,逐渐认识、掌握大量的汉字。

其次要注意积累,有意识记生字。

除了在阅读中识记生字外,还要注意在日常生活中学习、积累。我们生活在汉语言的环境中,由汉字组成的词语、语句随处可见:街头的商标字、广告词、产品简介、影视字幕、报刊、杂志等,甚至包括日常交谈、广播、话剧等口语现象。这其中,有认识的和不认识的字,有运用正确的和不正确的字,就需要我们做个生活中的有心人,随时随地学习、认识生字,纠正错字,有意识地抄写、记忆字形特征,形成良好的习惯。久而久之,不断积累,一定会扩大识字量,提高运用语言的能力。

五 借助工具书学习汉字

要想扩大识字量,在大量的阅读中识字,就要有基本的自学生字的能力。而这种能力主要体现在能否使用各种工具书上。养成良好的查字典习惯,是认识汉字、学习语言、汲取知识的重要途径。工具书有很多种,学习汉字、查字用的是字典,学习词汇的是词典,查人名为主的有各类人名大辞典,查找地名的有地名大辞典,查找地理位置的有史地图集等。

字典是以汉字为收集对象,说明汉字的写法、读音和意义的。字典分为通用字典和专用字典。普通字典主要介绍汉字的形、音、义,供人们日常使用。如《新华字典》《中华大字典》《康熙字典》《现代汉语词典》等,专门字典是介绍某一方面的知识和资料的,供专门深入学习和研究使用。如介绍文言虚字的《词诠》《文言虚字》;介绍汉字形体的《真草隶篆四体大字典》;解释汉字本义的字典《说文解字》;汇集古书字义的字典《经籍籑诂》;有关古音韵的字典《广韵》《集韵》;还有关于甲骨文的字典《甲骨文编》;关于金文的字典《金文编》。其中《新华字典》《现代汉语词典》,是中学生常用的工具书,其特点是都采用规范字形,注有规范普通话字音,比较全面地标示字的含义,有助于我们正确掌握汉字,使用现代汉语。下面介绍几种常见的字典。

(一)新华字典

《新华字典》是由商务印书馆出版，供中等文化程度的读者使用的小型字典。字典收汉字(繁体字、异体字)10000多个，收带注释的词语3500多个。在第10版的字典中，根据1985年的《普通话异读词审音表》改定了字音，根据1986年的《简化字总表》调整了字头，根据《第一批异形词整理表》对词典中涉及的异形词作了相应处理；增补部分新词、新义、新例。可以说是最新的、规范的字典。

《新华字典》用汉语拼音字母和注音字母注音，采用部首检字法，笔画、笔顺检字法和音序检字法。汉字字头之下附有繁体字和异体字，解释字义以现代汉语为主，分别表示字的引申义、比喻义和转化义。

《新华字典》字形严谨规范，注音标准，释义简明精当，且便于查找，能解决阅读一般报刊中遇到的文字障碍，适于中学生使用。因为字典收字不多，对文言文的阅读作用不大。

(二)康熙字典

《康熙字典》是我国辛亥革命以前收字最多、影响最大的字典。张玉书、陈廷敬等人于清康熙五十五年（1716年）编成，所以称《康熙字典》。字典收汉字47035个，是《新华字典》的四、五倍，一般字典查不出的生僻字，都可以从里面找到。字典用反切和直音、叶(xié)音注音，采用部首检字法，把214个部首，以笔画多少为序，分置于十二地支子、丑、寅、卯、辰、巳、午、未、申、酉、戌、亥标分的12集里。子集(部首1－2画)；丑寅集(3画)；卯辰巳集(4画)；午集(5画)；未申集(6画)；酉集(7画)；戌集(8－9画)；亥集(10画以上)。按照部首笔画的多少，在不同的"集"中就可以查到要查的字。字典一般先解释本义，再讲引申义，它汇集了前人训诂的成果，并在每一义项下都引古书或句子作例证。这部字典收字多，又征引古书多，是我们阅读古籍和研究古汉语的重要工具书。

(三)中华大字典

《中华大字典》由徐元诰、欧阳溥存、汪长禄等人编纂，1915年中华书局出版。是在《康熙字典》的基础上编辑的，吸收了清代一些学者的成果。全书收字48000多个(一说44904字)。注音以宋代丁度等人的《集韵》为主要依据，还标明字的韵部。分条释义，一条一义，一义一例，便于查找。

(四)说文解字

《说文解字》是专门解释字的本义的字典。东汉许慎著，收字9353个，共有540个部首，是我国第一部按部首排列的字典。"说文"原书没有反切，书中的形声字，用"从某，某声"的方法注音，有的用"读若"的方法注音。每字的释义，先解说字义，再分析字形。多数字只列一个义项，一般是本义。从分析字形入手，推测字的本义、读音，把形音义三者结合起来阐述，对阅读古籍，特别是先秦两汉古籍有重要的参考价值。

《说文解字》保存了小篆和部分籀文、古文，反映了汉代以前的汉语风貌。首创部首检字法，对后世研究古代文字和古代汉语产生了积极的影响。因此，《说文解字》在我国文字和语言学史上有重要的地位。

第五章 汉字的规范

汉字的读法和写法符合统一的标准,叫汉字的规范。就是说,汉字规范包括两方面的内容,一是读音规范,二是形体规范。读音规范就是学习普通话语音,纠正方音,纠正异读词中废除的读音,不读错音。字形规范就是写标准字形,纠正异体字中废除的字形,写标准简化字,不写错别字。

一 规范汉字

(一)异读字

异读字指一个字有几个不同的读音而表示的意义相同。如:同胞

"tóng pāo",又读作"tóng bāo"。波浪"bō làng",又读作"pō làng"。一个字为什么会有不同的读音呢?造字之初,一个字只有一个字音,后来事物增多了,一个字的用途多了,意义也多了,一个音也不一定代表一个狭窄的意义了,为了区别它的意义,就要把它变读,这是一字异读现象。具体说有下面几种情况。

(1) 引申异读。指一个字的意义引申后,它的读音改变了。如王"wáng",《史记·陈涉世家》:"王王赵,非楚意也。"后一个"王"读"wàng"。食"shí",《捕蛇者说》:"谨食之,时而献焉,退而甘食其土之有,以尽吾齿。"前一个"食"读"sì"声。雨"yǔ",《汉书·苏武传》:"天雨雪。"这个"雨"读"yù"。这些字的引申异读,在古汉语中出现,在现代汉语中已不再使用。

(2) 假借异读。指古人的假借用字。因为字少,古人常常借用音同或音近的字,后来读音有变化,产生了异读现象。如《史记·陈涉世家》:"发闾左適戍鱼阳九百人。"其中的"適",读"谪 zhé";《左传》宣公十二年"民不罢劳"中的"罢",读"疲 pí"。有些古代的人名、地名也存在异读现象,如地名"阳夏",其中的"夏",读"jiǎ";古代西北少数民族首领称"单于",其中的"单",读"chán";"可汗",读"kè hán"。这种假借用字,在现代汉语中已不再继续。我们在读书的时候要注意加以区别。

(3) 同义异读。同一个意思,应该只有一个读音,因为古今读音的差异,地域的差别,而产生两个以上的读音。这种在同一词内具有不同读音的字,是同义异读字,如:"凹凸不平"中的"凹"有"āo、wū、yāo"三种读音,它与同义多音字不同。同义多音字,是一个汉字在不同的词内,具有不同的读音,如颤,读"zhàn"(打冷颤、颤栗),又读"chàn"(颤动、颤抖)。同义异读字是一种读音不规范的现象,容易造成字音的混乱。普通话审音委员会 1963 年编成《普通话异读词三次审音总表初稿》,1982

年,开始修订工作,1985年公布《普通话异读词审音表》,给异读字规定了标准读音、标音,废除了异读音。

下边是一些常见的异读字,对它们规定了规范读音。①

隘 ài——狭隘、要隘、关隘,不读 ǎi(矮)或 nǎi(奶)

凹 āo——凹陷、凹凸不平,不读 yāo(天)或 wā(挖)

傍 bàng——傍晚、依山傍水,不读 bāng(邦)或 páng(旁)

磅 bàng——过磅、半磅牛奶,不读 bèng(蹦)

胞 bāo——同胞、细胞、胞兄,不读 pāo(袍·阴平)

庇 bì——包庇、庇护、庇荫,不读 pī(批)或 pì(屁)

波 bō——波浪、风波、波动,不读 pō(泼)

帛 bó——布帛、玉帛、财帛,不读 bò(播·去声)或 bái(白)

埠 bù——商埠、外埠、蚌埠(安徽省地名),不读 fù(付)或 fǔ(府)

惭 cán——惭愧、大言不惭,不读 cǎn(惨)

册 cè——第三册、纪念册,不读 chǎi(拆·上声)

岑 cén——岑寂、姓岑,不读 chén(陈)

乘(动作义,念 chéng)——乘车、乘风破浪,不读 chèng(秤)

惩 chéng——惩罚、惩前毖后,不读 chěng(逞)或 zhěng(整)

弛 chí——废弛、一张一弛,不读 shǐ(始)或 chì(斥)

触 chù——接触、触类旁通,不读 zhù(注)

黜 chù——罢黜、废黜、黜免,不读 chuò(辍)

创(一)chuàng——创造、创作、创举,(二)chuāng——创伤、重创,
     不读 chuǎng(闯)

傣 dǎi——傣族(我国少数民族之一),不读 dài(代)或 tài(太)

逮 dài——逮捕、力有未逮,不读 dí(敌)

---

① 摘自《汉字基本知识》。

档 dàng——档案、入档、桌子的横档儿,不读 dǎng(党)

堤 dī——堤坝、堤岸、大堤,不读 tí(题)

发 fà——理发、令人发指,不读 fǎ(法)

否 fǒu——是否、可否、否则,不读 fǎo(佛袄切)

肤 fū——皮肤、切肤之痛,不读 fǔ(府)

复 fù——反复、复杂、复习,不读 fǔ(府)

缚 fù——束缚、手无缚鸡之力,不读 fó(佛)

冈 gāng——山冈、井冈山、景阳冈,不读 gǎng(港)

耕 gēng——耕种、深耕细作,不读 jīng(京)

鹤 hè——仙鹤、白鹤、鹤立鸡群,不读 háo(豪)

壑 hè——沟壑、以邻为壑,不读 huò(货)

获 huò——收获、获得、获悉,不读 hù(户)或 huái(怀)

即 jí——即刻、立即、成功在即,不读 jì(记)

觉 jué——觉悟、觉察、自觉自愿,不读 jiǎo(脚)

俊 jùn——英俊、俊杰、俊俏,不读 zùn(尊·去声)

峻 jùn——峻峭、高山峻岭,不读 zùn(尊·去声)

竣 jùn——竣工、竣事、完竣,不读 zùn(尊·去声)

括 kuò——包括、概括、括号,不读 guā(刮)或 kè(刻)

谰 lán——无耻谰言,不读 làn(烂)

劣 liè——恶劣、土豪劣绅,不读 liě(列·上声)或 lüè(略)

虏 lǔ——俘虏、虏获,不读 luǒ(裸)

掳 lǔ——掳走、奸淫掳掠,不读 luǒ(裸)

滦 luán——开滦、滦河(都在河北省),不读 lán(兰)

络 luò——脉络、联络、络绎不绝,不读 lè(乐)

脉 mài——山脉、诊脉、脉络,不读 mò(墨),除"脉脉"外

第五章　汉字的规范

谬 miù——谬论、荒谬、谬种流传，不读 niù(纽·去声)

嫩 nèn——嫩绿、嫩芽、肉皮嫩，不读 lùn(论)

脓 nóng——脓血、化脓、脓包，不读 néng(能)

弄 nòng——玩弄、弄巧成拙，不读 nèng(能·去声)

琶 pá——琵琶，不读 bá(拨)或 bà(爸)

抛 pāo——抛弃、抛售、抛砖引玉，不读 pōu(剖)

披 pī——披靡、披露、披星戴月，不读 pēi(胚)

坯 pī——土坯、砖坯、脱坯，不读 pēi(胚)

乒乓 pīng pāng——乒乓球、乒乓乱响，不读 bīng bāng(兵邦)

剖 pōu——解剖、剖析、剖面图，不读 pāo(抛)

绮 qǐ——绮丽、绮罗(一种丝织品)，不读 yǐ(椅)

洽 qià——融洽、接洽、洽商，不读 qiā(掐)

潜 qián——潜力、潜藏、潜移默化，不读 qiǎn(遣)

嵌 qiàn——镶嵌、嵌入，不读 kān(刊)

怯 qiè——胆怯、怯场、怯懦，不读 què(却)

挈 qiè——挈眷、提纲挈领，不读 xié(协)或 xiè(泻)

侵 qīn——侵害、侵入、侵略，不读 qǐn(寝)

涩 sè——文字艰涩、这柿子太涩，不读 shǐ(始)

森 sēn——森林、森严、阴森，不读 shēn(深)

慑 shè——威慑、慑服，不读 zhé(折)或 niè(聂)

室 shì——教室、办公室、室内，不读 shǐ(史)

殊 shū——特殊、悬殊、殊途同归，不读 chū(出)

硕 shuò——硕大、硕果、丰硕，不读 shì(是)或 suò(索·去声)

诉 sù——告诉、诉说、诉苦，不读 sòng(颂)

他 tā——其他、他日、他乡，不读 tuō(脱)或 tǎ(塔)

凸 tū——凹凸、凸透镜，不读 tú(徒)或 gǔ(鼓)

蜕 tuì——蜕变、蜕化变质，不读 shuì(税)

挝 wō——老挝(亚洲国名)，不读 guō(郭)或 guā(瓜)

溪 xī——小溪、溪流、溪水，不读 qī(七)

陷 xiàn——陷坑、越陷越深，不读 xuàn(旋)

淆 xiáo——混淆、淆乱、淆惑，不读 yáo(尧)

挟 xié——要挟、裹挟、挟持，不读 xiá(匣)

械 xiè——机械、器械、缴械，不读 jiè(戒)

朽 xiǔ——朽木、永垂不朽，不读 qiǔ(秋·上声)

谑 xuè——戏谑、谐谑、谑而不虐，不读 nüè(虐)

崖 yá——山崖、悬崖勒马，不读 ái(皑)

亚 yà——亚洲、亚麻、亚军，不读 yǎ(哑)

焰 yàn——火焰、焰火、气焰，不读 yán(盐)

杳 yǎo——杳渺、杳无音信，不读 miǎo(秒)

舀 yǎo——舀子、舀水、舀汤，不读 wǎi(歪·上声)或 kuǎi(快·上声)

耀 yào——荣耀、照耀、夸耀，不读 yuè(跃)

曳 yè——摇曳、弃甲曳兵，不读 yì(艺)

腋 yè——腋下、两腋、腋芽，不读 yē(爷·阴平)或 yì(义)

跃 yuè——跃进、飞跃、跳跃，不读 yào(药)

暂 zàn——暂停、暂且、暂时，不读 zhàn(战)或 zhǎn(斩)

殖 zhí——生殖、繁殖、殖民地，不读 chì(斥)

质 zhì——本质、性质、质量，不读 zhí(值)

诌 zhōu——胡诌、瞎诌、瞎胡诌，不读 zōu(邹)

骤 zhòu——步骤、骤然、暴风骤雨，不读 zòu(奏)

逐 zhú——逐步、逐渐、驱逐,不读 zhù(住)

(二)异体字

什么是异体字呢?顾名思义,就是不同字体的字。即音义完全相同而形体不同的一组字,也就是说,一个汉字有几种不同的写法,如"秽"可以写成"薉","饮"可以写成"㱃""㱃"。汉字中异体字占有相当数量,据统计,《说文解字》中收录的异体字有 1663 个,《中华大字典》收字 48000 个,其中异体字就有 40000 个,《康熙字典》中异体字有 2200 个。有的一个汉字有五六个异体字。如"窗",有"窓""牕""牎""窻""窗"等不同写法的字。现代汉语中仍有许多异体字,如"泪"和"淚";"杯"和"盃"。为什么会出现异体字呢?异体现象是随着汉字的发展而产生的。汉字是表意文字,造字的方法多种多样,同一事物可以采用不同的形体符号表示,特别是在不同的地域,不同的造字方法都会在字的形体上留下不同的痕迹。在造字之初,文字书写不统一,甲骨文、金文里就有许多异体字。秦统一中国后,统一使用小篆,废除了大量的异体字,但仍存在一些异体字。异体字随着历代汉字形体的变化,随着汉字自身发展规律而存在、发展和消亡。

异体字字形复杂,从异体字的结构上看,主要有以下几种情况:

(1)偏旁位置不同,如"峰"和"峯";"够"和"夠";"略"和"畧";"群"和"羣"。

(2)形旁不同,如"唇""脣","迹"和"跡","托"和"託","遍"和"徧"。

(3)声旁不同,如"裤"和"袴","线"和"缐","泄"和"洩"。

(4)造字方法不同,为了简化笔画而另造新字,如"泪"和"淚","岳"和"嶽"。

大量异体字的存在,给学习增加了负担,给阅读和写作造成诸多麻烦。所以,整理异体字,保证一字一音,是一项重要的任务。1955 年,文化部和文字改革委员公布了《第一批异体字整理表》,后经调整,整理并淘汰的异体字为 1027 个。异体字的整理原则是,一组字中确定一个为标准字形,其余几个作废;这个标准字形,一般是选取笔画少、便于书写的。这样给学习和使用汉字带来了很多方便。

异体字举例如下(括号里的字是废除了的异体字):

坳〔坳〕	冰〔氷〕
翱〔翺〕	并〔併並竝〕
秘〔祕〕	册〔冊〕
撑〔撐〕	杠〔槓〕
村〔邨〕	核〔覈〕
考〔攷〕	奸〔姦〕
裤〔袴〕	劫〔刧切刦〕
款〔欵〕	疏〔疎〕
炮〔砲礮〕	竖〔豎〕
铺〔舖〕	污〔汙污〕
鳅〔鰌〕	闲〔閒〕
却〔卻刦〕	效〔効傚〕
绒〔羢毧〕	泄〔洩〕
融〔螎〕	叙〔敘敍〕
妒〔妬〕	窑〔窰窯〕
罚〔罸〕	验〔騐〕
俯〔俛頫〕	

(三)繁简字

繁简字,是指字形上的繁体和简体而言,"繁"是繁杂、多的意思。"简",是少的意思。一个汉字,有同样的音,同样的义,而字形结构上有繁简之分,叫繁简字,如:国(國),质(質),继(繼)。繁体字是伴随着文字的发展而存在的,从文字的表义功能来看,字体的笔画多、繁难,才能表意更准确,如:龟—龜,乡—鄉,开—開等。从运用文字来看,字体简易些才方便书写和交流。在历史上始终存在两种字体对立的现象,繁体被认为是正体,而约定俗成的简体被看作是俗体。从汉字自身发展规律看,从甲骨文、金文到小篆、隶书、楷书,趋向于由繁到简的过程,简化汉字是汉字发展的必然过程。1964 年,中国文字改革委员会收集了群众中流传使用的简化字,加以整理和研究,遵照国务院公布的《汉字简化方案》的规定,编辑出版了《简化字总表》,简化汉字 2238 个。其中,化繁为简主要有下面几种方式。

(1)丢掉繁体字中繁杂的偏旁。

业(業) 巩(鞏) 广(廣) 声(聲) 处(處) 类(類)

(2)更换偏旁(化繁为简),用简单的符号代替复杂的偏旁。

难(難) 欢(歡) 戏(戲) 仅(僅) 区(區) 对(對)

(3)借简代繁,用笔画少的同音字代替笔画繁多的字。

几(幾) 只(隻) 叶(葉) 后(後) 伙(夥)

(4)用古字代替。

云(雲) 电(電) 网(網) 无(無) 气(氣)

(5)新造简体代替。

书(書) 响(響) 体(體) 双(雙) 蚕(蠶)

了解繁简字的对应关系和简化方式,有助于认识繁简字。认识繁体字,有助于阅读古籍,继承古代文化遗产。认识简体字,主要用来掌握和运用现代汉字。

繁简字举例:

爱愛 罢罷 备備 笔筆 毕畢 边邊 参參 仓倉

嘗尝	蟲虫	從从	竄窜	達达	帶带	黨党	動动
斷断	對对	隊队	爾尔	豐丰	廣广	歸归	龜龟
國国	過过	華华	畫画	匯汇	夾夹	薦荐	將将
節节	盡尽	進进	舉举	殼壳	來来	樂乐	離离
歷历	麗丽	兩两	靈灵	劉刘	盧卢	虜虏	鹵卤
錄录	慮虑	買买	麥麦	黽黾	難难	聶聂	寧宁
豈岂	氣气	遷迁	親亲	窮穷	嗇啬	殺杀	審审
聖圣	時时	屬属	雙双	歲岁	孫孙	條条	萬万
爲为	烏乌	無无	獻献	鄉乡	寫写	尋寻	亞亚
嚴严	厭厌	業业	藝艺	陰阴	隱隐	猶犹	與与
雲云	鄭郑	執执	質质				
貝贝	賓宾	產产	長长	車车	齒齿	芻刍	單单
當当	東东	發发	風风	岡冈	會会	幾几	戔戋
監监	見见	龍龙	婁娄	侖仑	羅罗	馬马	賣卖
門门	鳥鸟	農农	齊齐	僉金	喬乔	區区	師师
壽寿	肅肃	韋韦	堯尧	頁页	義义	魚鱼	專专

(四)新旧字形

汉字在书写、印刷上有不同的形状,也造成汉字不规范。具体说,手写体和印刷体在汉字字形上就有较大差异,造成识字、学习上的困难。手写体和印刷体的比较如下:青、青;祝、祝;研、研;争、争。

1964年,中国文字改革委员会发布《印刷通用汉字字形表》,使印刷的铅排字形接近手写楷书体,这样便于辨认,便于书写。汉字编码的输入,特别是五笔字形输入法,更需要我们准确地掌握汉字的字形和笔画。在阅读中,我们要注意汉字新旧字形的区别。

下面是新旧字形举例。

第五章 汉字的规范

新旧字形对照表

（字形后圆圈内的数字表示字形的笔数）

旧字形	新字形	新字举例	旧字形	新字形	新字举例
八②	丷②	兑益遂	角⑦	角⑦	解确
艹④	艹③	花草	奐⑨	奂⑦	换痪
辶④	辶③	连速	肏⑧	肖⑦	敝弊
幵⑥	开④	型形	耳⑧	耳⑦	敢严
丰④	丰④	艳沣	者⑨	者⑧	都著
巨⑤	巨④	苣渠	直⑨	直⑧	值植
屯④	屯④	纯顿	黾⑧	黾⑧	绳鼋
牙⑤	牙④	芽邪	咼⑨	呙⑧	過蜗
瓦⑤	瓦④	瓶瓷	垂⑨	垂⑧	睡郵
反④	反④	板饭	食⑨	飠⑧	饮饱
示⑤	礻④	祝视	郎⑨	郎⑧	廊螂
丑④	丑④	纽扭	彔⑧	录⑧	渌箓
犮⑤	犮⑤	拔茇	昷⑩	昷⑨	温瘟
卬⑥	卬⑤	茚	骨⑩	骨⑨	滑骼
耒⑥	耒⑥	耕耘	鬼⑩	鬼⑨	槐嵬
呂⑦	吕⑥	侣营	俞⑨	俞⑨	输愈
攸⑦	攸⑥	修倏	既⑪	既⑨	溉厩
争⑧	争⑥	净静	蚤⑩	蚤⑨	搔骚
产⑥	产⑥	彦产	敖⑪	敖⑩	傲遨
羊⑦	羊⑥	差养	莽⑫	莽⑩	漭蟒
幷⑧	并⑥	屏拼	眞⑩	真⑩	慎填
羽⑥	羽⑥	翎翔	䍃⑩	䍃⑩	摇遥
吴⑦	吴⑦	蜈虞	殺⑪	殺⑩	搬锻

黄⑫	黄⑪	廣橫	象⑫	象⑪	像橡
虛⑫	虛⑪	墟歔	奥⑬	奥⑫	澳懊
異⑫	異⑪	冀戴	普⑬	普⑫	谱氆

二 防止写错别字

错别字,包括错字和别字。这里所说的错字,是指随便增减笔画,把字形写错,如"缠"写作"缠"(少了一点);"时候"的"候"写成了"侯"(少写一竖)。别字,往往因为音同或音近,而把甲字写成了乙字。如:崇高的"崇"写成了"祟";既然的"既",写成了"即";已经的"已"写成了"以"。

怎样防止写错别字呢?首先要充分认识汉字规范的重要意义,把消灭错别字当作一件重要的事来做。有的同学认为,只要把文章写漂亮就可以了,错个把字没什么。也有的同学为了不影响写文章的思路,遇到没有把握的字就略过去,不细查究竟。文字是书面交际工具,写出来的字如果字面不清,字不达意,就影响准确表达和交流。同时,也给人留下马虎、不负责任的印象。久而久之,容易形成不认真用字的习惯。因此随时留意把字写正确是十分重要的。

其次,要从形、音、义三个方面,注意汉字的区别。运用学过的汉字及构造规律,来分析字形结构,辨别相似的偏旁和形体,如:注意了偏旁"爪"和"瓜"的区别,就能分辨"爬""抓"和"瓢"的不同,也容易记住了。

养成勤查字典的习惯很重要,遇到没有把握的字,要随时向字典请教,在学习中,要按照最新的规范字形学写汉字,不写旧体字、繁体字和异体字,养成正确、良好的写字习惯。

(一)分辨形近字,不写错字

形近字,由于字形相近或相似,往往不容易分辨,形成错字。要想不写错字,就要分清汉字字形结构的特点。对于独体字,要知道共有几画,笔画是什么形状,怎样安排的,如"孑、孓、孒";对于合体字,要注意有几个偏旁。偏旁按什么方式构成,相同点和相似点是什么,如"抢、抡""盲、肓"。

下面是容易写错的部件辨异表。①

部件	名称	例 字
二 画		
十		协
忄	竖心旁	忆怀忙怕情惕慢憾
厂		厅压厌厕厢厨厩(厍 shè)
广		庆庄库庐庞席廊(庾 yǔ)
疒	病字头	疗疟疖痊痰疡瘦(瘐 yǔ)
ㄨ		区枢呕风讽冈钢赵
又		对鸡邓汉戏劝凤仪
⺈	角字头	龟勉负危急争(奂)陷
夕		外名多岁罗梦夜将
歹		列歼残殊殉殆死(殁 sù)
⺈	角字头	陷掐危争兔兔负龟
爫	爪字头	舀蹈稻滔韬采受乳爱奚爵(虢 guó)
儿		元兄光先克兜尧兆
几		机凫秃亮壳虎凳凯
凡		矾帆钒(梵)筑

---

① 摘自《现代汉字学》。

卂	讯字边	迅讯汛(茕 qióng)
冫	两点水	冷凛(冽)冲冶况决减冼准
氵	三点水	(泠 líng)江汇汤洁治洒洋洪洗淮
冖	平宝盖	冗写冠军冤幂(冥)罕
宀	宝盖头	宁牢宗宝灾家富寇
卩	单耳朵	叩却印即脚卫节疖
阝	右耳朵	邮部邓邻那郊郭邢
力		劝功劲幼男务势募
刀		切召分剪劈券寡
廴	建之旁	廷挺庭延诞筵建健键
辶	走之旁	辽边迈近退巡迫逼
又		取娶叔淑督叙度(燮 xiè)
攵	反文旁	收改放政救敢败嫩
欠		欢饮欧欣欲欺款漱
镸	长字底	长帐张涨
氏	畏字底	丧畏喂(煨)展碾辗
衣	衣字底	哀衷衰褒裹襄裳装
㔾	犯字边	犯范卷倦厄扼危跪
巳		——
㠯		导异巷港(祀 sì)
己		岂忌记妃配起(杞 qǐ)

三　画

土		去寺尘垒(圭)堵社
士		吉志壳声壶喜壮

艹	草头	苗(菅)蓝茫范花芳苦
竹 ⺮	竹字头	笛管篮笔答简策筹
大		庆奇夸俺夺类奖契(奕)驮
犬		厌哭臭(戾)状器莽
太		汰态
丌		(畀)痹鼻
廾	弄字底	开弁异弃弄弊
弋		弋式试(忒)代袋贷(鸢 yuān)
戈	尧字头	尧挠绕晓(蛲 náo)
戈		戎绒戒伐戏划戍成
弋	武字头	武赋斌
少	步字底	步涉(陟 zhì)频
少		沙秒纱渺劣省雀
乂		义议蚁
叉		权汉叔钗
勺		芍的钓(杓)
匀		均(筠)钧韵(昀 yún)
勾		沟购构钩(苟)
句		狗够苟(枸)(佝)(笱 gǒu)
夕		将蒋奖浆酱名多岁
夕	炙字头	炙
ヨ	录字头	录碌绿剥
ヨ	寻字头	寻帚妇
ㄠ	彝字头	缘彝(蠡)

尸		尼局届层尾屑屋犀
户		沪护炉驴芦庐房扇扁
卢		颅(泸)(鲈)(舻)(垆)(胪)(鸬)
昜	扬字边	汤杨扬场肠畅荡疡
𠃓	伤字边	伤(饬)
易		赐锡(蜴)
幺		幻幼兹幽(畿)
纟	绞丝旁	纠纫约纳纷组级丝
扌	提手旁	折技捧扎扑扬扳拍拄挂挑拴挡捎
木	木字旁	析枝棒札朴杨板柏柱桂桃栓档梢

四 画

元		(芫)(沅)园远顽完玩冠
无		芜抚(呒)(怃)(妩)(庑)
旡	既字边	既厩概溉槪(曁)
木	木字旁	杆(杪)枇(枓)桔梢材椅
禾		秆秒(秕)科秸稍种秋
朩		梁粟柏梗槽染柔桨
米		粱粟粕粳糟籴粜糜
不		坏杯怀环还歪否(罖)
丕		坏胚呸(邳)(狉)(苤)
𡭫	坚字头	坚铿铿竖肾紧
𥃲	监字头	监滥蓝篮览鉴临
小	恭字底	恭慕(綦 tián)添舔(掭 tiàn)
氺	黍字底	隶康泰黍暴漆黎(滕)

内		纳呐钠锅刚祸涡窝
內	离字底	离禽擒(噙)
冂	禹字底	禹寓愚偶
片		版牌(牍)(牒)
爿		(戕 qiāng)(臧 zāng)寐(寤 wù)
斤		折析听断欣芹斧近
斥		拆(柝 tuò)诉(跅 tuò)
爪		爬抓(笊 zhào)
瓜		孤狐弧瓢瓤瓣(瓠 hù)
今		(芩 qīn)(钤 qián)吟含贪念琴
令		(苓 líng)铃冷岭玲领邻零
仓		抢沧(伧)枪呛创苍疮
仑		抡沦伦轮论纶癃(囵)
凶		匈胸
匈	曷字底	(曷 hé)渴喝褐竭歇葛遏
殳		投设没股般段殿毁
叚	假字边	假暇(瑕)(遐)(煆 gǔ 又 jiǎ)霞
月		胖脾(朦)(胧)期朝塑望
月	青字底	青肯胃肩肾臀(肴)(脊)
氏		(抵 zhǐ)(舐 shì)纸
氐		抵低底(坻)(诋)(砥)(邸)
卬	昂字底	昂抑迎仰
卯		(昴 mǎo)柳铆(泖 mǎo)卿
丣	留字头	贸留溜榴瘤(镏)(馏)(遛)

市		沛(霈 pèi)(斾 pèi)
市		柿(鈰 shì)
礻	示字旁	(袄 xiān)(祛 qū)礼祈神视祸祷
衤	衣字旁	袄(祛 qū)初衬衫袜袖补
夬	决字边	快决缺诀
央		(怏)(泱)映秧殃鸯英盎
予		预豫抒舒(纾 shū)(杼 zhù)野序
矛		柔揉(踩)(蝥 máo)茅(矜 jīn、guān、qīn)(鹜 wù)(鹜 wù)
毌	贯字头	贯掼
母		拇姆梅(酶 méi)每霉(莓 méi)毒
毋		(毐 ǎi)
友		爱(嗳)(暖)(媛)暖援(嫒)(瑷)
犮	拔字边	拔跋(胈 bá)(鲅 bà)(袚 fú)(绂 fú)(钹 bó)(菝 bá)
发		拨泼(袯 bō)废

五　　画

未		妹味昧寐(魅)
末		(妺 mò)抹袜(沫)(茉)(秣)(靺)
东		冻栋(鸫 dōng)(陈 dòng)陈(崬 dòng)
柬	练字边	拣练炼
目		盾冒眉盲眷督
贝		质贫贪贷货资财赈
由		铀宙笛迪庙届骋
田		(钿)佃亩苗描瞄猫甸
冋	炯字边	炯(坰 jiōng)(泂 jiǒng)(绚 jiǒng)(迥 jiǒng)(扃 jiōng)

向		响(饷)
冏		商(墒)(熵)
周		滴(嘀)嫡
白		伯柏皖
臼		(柏 jiù)倪(猊 ní)(鲵 ní)(睨 nì)霓(麑 ní)
艮	即字旁	即卿既概慨
艮	郎字旁	郎廊朗(塱 lǎng)(榔)(螂)(欓 lǎng)
艮		很狠艰垦恳退褪痕
良		娘狼琅浪(锒 láng)(茛 làng)(眼 làng)(阆 làng)
睪	择字边	择泽译绎释(驿 yì)(怿 yì)(峄 yì)
夆	降字边	降(绛)
夆	峰字边	峰烽蜂逢蓬篷
癶	登字头	癸葵登澄瞪蹬(磴)凳
夕	祭字头	祭蔡察擦

六　　画

耳		取耻耿职联聪聋聂
耳	敢字旁	敢(澉)(橄)
臣		宦卧(臧 zāng)
臣	姬字边	(宧 yí)颐姬熙
束	策字底	刺棘策枣
束		刺赖懒(獭 tǎ)(籁)辣速(簌 sù)
辰	旅字边	旅(胬 lǔ)
辰	派字边	派(漉 pài)(哌 pài)
负		赖懒(獭 tǎ)(癞)(籁)(濑)

页		顶项顷顾顺颂顿颠

七 画

免		勉娩(鮸 miǎn)冕挽逸馋
兔		(堍 tù)(菟 tù、tú)(镵 chán)(巉 chán)

八 画

召	陷字边	陷馅焰(掐 qiā)(谄)
舀		滔稻蹈(韬)

九 画

奥	奥字头	奥懊澳(墺 ào)
粤	粤字头	粤

(二)认清同音字,不写别字

汉字中的同音字很多,如果不注意它们的意义区别,就容易在使用中发生错误。如,"在"容易写成"再","燥"容易写成"躁"。在语言环境中体会意义的区别是分辨同音字的重要方法。同时,分析字形结构的不同也可以防止同音字用混。

还要注意方言读音的影响而出现的别字。陕北地区容易把"ēn"读成"ēng","针线"读成"zhēngxiàn";拥护,读成"rōng hù"。如果按读音写下来,就是别字。

有时误读汉字也导致写别字。如,"刚愎自用"中的"愎"bì,容易错读 fù,写成"腹";万马齐喑(yīn),容易读成 àn,写作"暗"。因此,说普通话,读准字音,是防止写别字的根本。

练习与答案

(一)汉字知识练习

一 填空

1. 汉字是汉民族创造的、_____的文字符号,是用线条或笔画组成的_____的文字。

2. 汉字是世界上最_____文字之一,也是世界上_____最多的文字。

3. 从1899年河南安阳殷都故址发现的汉字来看,中国的汉字至少存在_____年以上。

4. 刻在牛肩胛骨和龟背上的文字称为_____。

5. 世界上其他国家现已消失的两种古文字是_____和_____。

6. 汉字起源的四种说法是:1.____ 2.____ 3.____ 4.____。

7. 文字分为表音、表形和表意三种形式,表音文字也叫拼音文字,现在世界上大多数国家使用的是_____。汉字是_____文字。

8. 汉字在发展和变迁过程中的字体有:甲骨文、金文____、____、_____、____、____。在书法艺术上的书体主要有____、____、_____。

9. 从字体演变过程可以看出,汉字字形总的变化趋势是_____。

汉字不断趋于_____、_____。

二　思考题

1. 说一说汉字起源的历史。

2. 汉字的性质是什么,都有哪些特点?

3. 汉字的发展过程中的各种字体是什么?有什么特点?

(二)汉字的构造练习

一　在括号里写出与象形字相应的汉字

二　比一比下面的象形字,再写出相应的汉字

三　写出与下列指事字相应的汉字

四　写出与下面会意字相应的汉字

五　比一比下面的会意字,再写出相应的汉字

六　指出下列形声字的意符和音符。

江　拉　论　柏　财　　　＿＿＿形＿＿＿声

胡　放　刨　颜　鹅　　　＿＿＿声＿＿＿形

草　雹　疾　箭　寄　　　＿＿＿形＿＿＿声

赏　基　浆　忿　盲　　　＿＿＿声＿＿＿形

辫　问　闻　裹　闷　　　＿＿＿形＿＿＿声

园　裹　囵　围　衷　　　＿＿＿声＿＿＿形

(三)汉字的形音义练习

甲　关于字形

一　填空

1. 汉字是_____的统一体。

2. 汉字是由_____组合而成的方块字形。

3. 笔画是从_____写出来的_____叫笔画。

4. 从书写的角度看，楷书的基本笔画有8种，分别是____、____、____、____、____、____、____、____。

5. 工具书索引一般采用五类笔画，分别是_____、_____、_____、_____、_____。

二　写出下面字的笔画名称

"马"的第二笔是_____　　　"砖"的第八笔是_____

"鼎"的第六笔是_____　　　"仇"的第四笔是_____

"仍"的第四笔是_____　　　"诉"的第二笔是_____

三　填空

1. 笔顺是指下笔的_____顺序。

2. 正确的笔顺,写字运笔的_____,它能提高写字_____。

3. 笔顺规则是_____、_____、_____、_____、_____、_____、_____。

4. 笔顺的补充规则是:

正上、左上的_____,要先写。

右上、里边的_____,要后写。

"匠字框"的字要先写_____,然后写里边,最后写竖折。

四　写出下面字的笔画

"义"字的第一笔是_____　　"兆"字的第二笔、第三笔是_____

"万"字的第二笔是_____　　"肃"字的第七笔是_____

"与"字的第一笔是_____　　"母"字的第三笔是_____

"可"字的第二笔是_____　　"凸"字的第四笔是_____

五　填空

1. 比笔画大的_____叫偏旁。

2. 偏旁中,表示字音的叫_____,表示字形的叫_____。

3. 含有同一形旁的字为一部,一部之首的那个偏旁就叫_____。

4. 《说文解字》是最早按部首编的字典,把汉字分为_____部。在《字汇》中部首为_____部,现《新华字典》《现代汉语词典》为_____部,1983年中国文字改革委员会规定汉字统一部首为_____部。

5. 汉字的字形结构主要有以下7种,分别是:_____、_____、_____、_____、_____、_____、_____。

六　写出下面字的偏旁名称

厶_____　　癶_____　　皿_____

彡_____　　巜_____　　隹_____

米_____　　丬_____　　勹_____

七　写出下面字的部首

蚤_____　　笋_____　　缸_____　　虎_____

静_____　　龄_____　　差_____　　豌_____

配_____　　勒_____　　鬓_____　　魂_____

八　写出下面字的字形结构

泛　估　骑　忙　_____

梵　费　忌　负　_____

圆　园　围　困　_____

勾　迂　屑　仄　_____

巫　乘　丞　承　_____

莫　骞　雯　黎　_____

弼　辩　掰　撤　_____

乙　关于字音

一　填空

1. 现代汉语中,一个方块字代表一个_____,一个音节由_____、_____和_____三个要素组成。

2. 不同地域的人有不同语音,这就是_____。我国有七大方言区,即_____、_____、_____、_____、_____、_____、_____。

3. 普通话是以_____为标准音,以_____为基础方言,以典范的_____作为语法规范的现代汉语标准语。根据汉语拼音方案,正确拼读出的语音就是_____。

4. 1985年国家文改委和国家教委发出通知，规定以_____为标准读音，统一规范了读音。

5. 同音字指_____相同而_____不同的字。

6. 多音字指一个字有几种不同的读音形成_____的现象。

7. 怎样辨别多音字呢？要从_____上、_____上和_____上区别。根据一定的语言环境，联系上下文来_____，是我们学习中常用的方法。

二　思考题

1. 为什么会有同音字的现象？
2. 结合语音发展过程中出现的几种情况来思考：多音字形成的原因是什么？

三　给下面字选择正确读音

胞 pāo bāo _____　　褒 bāo bǎo _____　　濒 bīn pín _____

砭 biān biǎn _____　　刹 shà chà _____　　糙 cāo zāo _____

岑 cēn cén _____　　掣 chè zhì _____　　称 chèn chèng _____

谄 chǎn xiàn _____　　逮 dài dǎi _____　　忖 cùn cǔn _____

四　选择一组错误的读音

1. 沸(fèi)腾　　人头攒(cuán)动　　一蹴(cù)而就　　_____
2. 句读(dòu)　　猝(cuì)不及防　　处(chǔ)心积虑　　_____
3. 厌恶(wù)　　千乘(shèng)之国　　瞠(chēng)目结舌　　_____
4. 羽扇纶(lún)巾　斐(fěi)然成章　　诲(huǐ)人不倦　　_____

五　给下列词语注音

耄耋_____　　纨绔_____　　跻身_____

谬论_____　　门槛_____　　觊觎_____

暴露_____　　咀嚼_____　　校对_____

畸形＿＿＿＿＿　　可汗＿＿＿＿＿　　涪陵＿＿＿＿＿

六　读拼音组词语

衰 cuī ＿＿＿＿＿　　揣 chuǎi ＿＿＿＿＿　　佛 fú ＿＿＿＿＿

　shuāi ＿＿＿＿＿　　　chuāi ＿＿＿＿＿　　　fó ＿＿＿＿＿

圈 quān ＿＿＿＿＿　　载 zǎi ＿＿＿＿＿　　仔 zǐ ＿＿＿＿＿

　juàn ＿＿＿＿＿　　　zài ＿＿＿＿＿　　　zǎi ＿＿＿＿＿

丙　关于字义

一　填空

1. 语素是＿＿＿＿＿的语言单位，是语音和语义的结合体。

2. 汉字是＿＿＿＿＿文字。象形字代表的是常见的＿＿＿＿＿，指事字的意义是用＿＿＿＿＿的方法表达出来。会意字可以＿＿＿＿＿，形声字的意义同＿＿＿＿＿有关系，形旁是表意成分。

3. 《新华字典》中有 201 个部首，其中大多数部首还属＿＿＿＿＿。

4. 一个现代汉字具有多种意义，即＿＿＿＿＿。一个字只有一种意义，叫＿＿＿＿＿字；多种意义的，叫＿＿＿＿＿字。

5. 多义词除本义外还有引申义、比喻义。本义是指字的＿＿＿＿＿的意义；引申义是由本义＿＿＿＿＿出来的意义；比喻义是通过本义＿＿＿＿＿而成。

6. 古今字是就时间先后说的，出现在前的是＿＿＿＿＿字，出现在后的是＿＿＿＿＿字。

7. 假借字指＿＿＿＿＿，口语里有这个词，没有书写这个词的字，借用现成的同音字代替。

二　给下列同音字组词语

渺＿＿＿＿＿　　媚＿＿＿＿＿　　糜＿＿＿＿＿　　迷＿＿＿＿＿

缈_____ 魅_____ 靡_____ 弥_____

蒙_____ 谩_____ 摩_____ 朦_____

漫_____ 模_____ 磨_____

三　说出下列词语的古今义

妻子：古_____今_____　　　亡：古_____今_____

风骚：古_____今_____　　　否：古_____今_____

市　：古_____今_____　　　匪：古_____今_____

四　给下面多义词选择正确的读音

溅 jian 溅溅　　　哈 ha 哈欠　　　将 jiang 将计就计

　　jian 溅水　　　　ha 哈达　　　　jiang 大将

稽 ji 无稽之谈　　脊 ji 脊梁　　　藉 ji 杯盘狼藉

　qi 稽首　　　　　ji 脊柱　　　　jie 慰藉

(四)学习汉字的方法练习

一　填空

适合中学生的识字方法主要如下：

1. 根据汉字的构造规律识字，做法有：_____；_____；_____。

2. 根据汉字结构特点识字，做法是：_____；_____。

3. 在阅读中识字，做法是：_____；_____。

4. 工具书识记、学习汉字的字典主要有：_____、_____、_____。

二　选择合适的方法识记下面的汉字

1. 突　衔　绝　巢　牵

2. 晃 晄 晨 晟 冒 冕 是 星
3. 借 错 鹊 惜 措 厝
4. 觊凯 嵇稽 缴激 犊牍椟 粲璨 岑涔
5. 不咎既往 不稂不莠 草菅人命 不落窠臼 箪食壶浆
6. 取消 取缔 凄婉 凄切 侵蚀 腐蚀 商讨 商议 商榷

三 填空

1. 通用字典主要介绍汉字的形、音、义，供人们日常使用。主要有＿＿＿＿、＿＿＿＿、＿＿＿＿、＿＿＿＿。

2. 专用字典是介绍某一方面的知识和资料，供专门深入学习和研究使用。介绍文言虚字的有：＿＿＿＿、＿＿＿＿；介绍汉字形体的有：＿＿＿＿；解释汉字本义的有：＿＿＿＿；汇集古书字义的字典是：＿＿＿＿；有关古音韵字典有：＿＿＿＿、＿＿＿＿；有关甲骨文的字典是：＿＿＿＿……

3. 中学生常用的工具书是＿＿＿＿、＿＿＿＿。

(五)汉字的规范练习

一 填空

1. 汉字的＿＿＿＿符合统一的标准，叫汉字规范。

2. 异读字是指一个字有＿＿＿＿的读音。

3. 异体字指不同＿＿＿＿的字。

4. 繁简字是指＿＿＿＿上的繁体和简体。繁，是复杂、多的意思，简，是少的意思。

5. 汉字在＿＿＿＿上有不同的形状，造成汉字新旧的不规范。

二 选择错误读音的一组词语

1. 土豪劣绅 tǔháolièshēn   乒乓乱响 pīngpāngluànxiǎng
   解剖 jiěpō _____

2. 凹凸不平 wātūbùpíng   潜移默化 qiǎnyímòhuà
   荒谬 huāngniù _____

3. 乘风破浪 chéngfēngpòlàng   谑而不虐 xuèérbúnüè
   蜕变 tuìbiàn _____

4. 寥寥无几 liáoliáowújǐ   鳞次栉比 líncìzhìbǐ
   污秽 wūhuì _____

三 把对应的繁简字连起来

畫　聖　當　幾　發　藝　　　豐　樂　畢　審　備　邊
几　发　艺　画　圣　当　　　审　备　边　丰　乐　毕

四 比较下面形近字

佝偻　　黄栌　　忤逆　　蹊跷　　妩媚
枸杞　　头颅　　违迕　　溪水　　怃然长叹
疟疾　　弈棋　　　　　　瑕疵　　异常
痔疮　　山峦　　　　　　遐想　　弃置
黑痣　　神采奕奕　　白玉无瑕　　马弁

五 找出下面句中的错别字并改正

1. 他最近的精神状态不好，总显出委糜不振的样子。

2. 每次班长讲完话，丽丽总是随声附合。

3. 四月的海棠花，漫山遍野，如火如茶。

4. 非典初期，人们不知道如何防范，如临大敌，人心慌慌。

5. 杨州三月，花繁似锦，令人流连忘返。

(一)汉字知识练习答案

一
1. 记录语言　方方正正　2. 古老的　应用人数　3. 3500　4. 甲骨文　5. 古埃及圣书字　两河流域的楔形文字　6. 结绳记事　刻契　仓颉造字　图画　7. 拼音文字　表意　8. 篆书　隶书　楷书　草书　行书　楷书　草书　行书　9. 由繁向简　定型化　规范化

二　略

(二)汉字的构造练习答案

一　人象大子女口
　　天文牙止网册
　　目耳舌身马鱼

二　爪瓜　雨雷　戈武　木禾　竹草
　　州川　衣心　刀匕　牛羊　手又

三　刃寸丹引日甘
　　本末血上下亦

四　北孕暮召旦石
　　丈立印休好共
　　坐灾卧泉食众

五　从比　化什　公分　母毋　步走
　　困囚　室宫　既即　开关　森炎

六 左形右声 右形左声 上形下声 上声下形 内形外声
内声外形

(三)汉字的形音义练习答案

甲 关于字形答案

一
1. 形音义 2. 笔画和部件 3. 落笔到抬笔 点或线
4. 丶一丨丿㇏丶亅㇕ 5. 一丨丿㇕

二 竖折折钩　　　竖折撇
　　竖折　　　　横折弯钩
　　横折折折钩　　横折提

三 1. 先后 2. 捷径 速度 3. 先横后竖 先撇后捺 从上到下 从左到右 从外到内 从内到外 先外后里再封口 先中间后两边 4. 点 点 一横

四 丶 冫 刁 丿 一 丶 丨 ㇋

五 1. 构件 2. 声旁 形旁 3. 部首 4. 540 214 201 201 5. 左右 左中右 上下 上中下 全包围 半包围 对称

六 私字　　　登字头　　　皿字底
　　三撇　　　三拐　　　　佳字旁
　　米字旁　　将字旁　　　包字框

七 虫 竹 工 虍
　　青 齿 羊 豆

　　　　西　革　髟　鬼

八　左右　上下　全包围　半包围　对称　上中下　左中右

乙　关于字音答案

一

1. 音节　声母、韵母、声调

2. 方言　北方方言　吴方言　湘方言　赣方言　客家方言　闽方言　粤方言

3. 北京语音　北方话　现代白话文　普通话

4.《普通话异读词审音表》

5. 读音　意义、字形

6. 一字多音

7. 意义　词性　用法　据词定音

二　略

三　bāo　bāo　bīn　biān　chà　cāo　cén　chè　chèn　chǎn　dài　cǔn

四　4

五　màodié　wánkù　jīshēn
　　miùlùn　ménkǎn　jìyú
　　bàolù　jǔjué　jiàoduì
　　jīxíng　kèhán　fúlíng

六　等衰　衰弱　揣摩　揣东西　仿佛　佛教
　　圆圈　猪圈　一年半载　载重　仔细　打工仔

丙　关于字义答案

一

1. 最小的　构成词
2. 表意　实物　"指点"　"意会"　形旁
3. 表意偏旁
4. 一字多义　单义　多义
5. 原始　最初　派生　借喻
6. 古　今
7. "同音代替"

二

浩渺　　　献媚　　　糜费　　　鬼迷心窍　　　缥缈　　　鬼魅
奢靡　　　弥天大谎　　　　　　蒙蒙细雨　　　谩骂　　　摩肩接踵
朦胧　　　漫不经心　　　　　　模范　　　　　好事多磨

三

古	指妻子与儿女	今	指妻
古	指姿容俏丽	今	发展为妇女放荡轻佻
古	买卖	今	街市
古	逃跑	今	死亡
古	有坏、污秽之义	今	不
古	有彼之义	今	发展为强盗

四

溅 jiān 溅溅　　　　哈 hā 哈欠　　　　将 jiāng 将计就计
　　 jiàn 溅水　　　　　 hǎ 哈达　　　　　　 jiàng 大将
稽 jī 无稽之谈　　　脊 jí 脊梁　　　　藉 jí 杯盘狼藉
　　 qǐ 稽首　　　　　 jǐ 脊柱　　　　　　 jiè 慰藉

(四)学习汉字的方法练习答案

一

1. 古今结合　部首归类　基本字归类
2. 以熟带生　对照、对比
3. 以义为中心,音形结合识记　语言环境中识记
4. 新华字典　康熙字典　中华大字典　说文解字

二

1. 狗从洞穴中窜出;行马时用的金属;人用刀割断丝的意思;木上有三只鸟和鸟窝;用绳索牵牛意
2. 从日部
3. 基本字归类
4. 对比、对照
5. 音形义结合,查字典
6. 语言环境中对比识字、学词

三

1.《新华字典》《中华大字典》《康熙字典》《现代汉语词典》

2.《词诠》、《文言虚字》　《真草隶篆四体大字典》　《说文解字》、《经籍纂诂》《广韵》、《集韵》、《甲骨文编》

3.《新华字典》《现代汉语词典》

(五)汉字的规范练习答案

一　1. 读法和写法　2. 几个不同　3. 字体　4. 字形　5. 书写、印刷

二　1√　2✗　3√　4√

三　畫　聖　當　幾　發　藝　　豐　樂　畢　審　備　邊
　　画　圣　当　几　发　艺　　丰　乐　毕　审　备　边

四　略

五　靡　和　荼　惶惶　扬

下 编

第六章 小学需要学习的 2500 个汉字[①]

A

a	啊阿(啊)(啊)
ai	爱矮挨蔼碍哀哎(挨)唉埃
an	岸安按案暗俺
ang	昂
ao	傲熬奥袄

[①] 本字表根据比较通用的小学语文课本筛选而得。

B

ba	八爸巴把扒吧笆拔坝罢跋
bai	白柏百摆败拜
ban	办半拌板扮瓣般班斑搬版伴
bang	帮膀傍棒绑邦磅榜
bao	包饱抱保报雹宝薄胞剥爆堡暴趵豹
bei	北贝备悲背被杯(背)倍惫狈碑
ben	本奔笨
beng	蹦崩
bi	笔壁比碧臂闭必鼻蔽避逼毕彼璧
bian	边扁辩变遍鞭便辫编辨
biao	表标膘
bie	别
bin	宾滨
bing	冰病并丙兵柄(屏)秉
bo	卜播伯脖波玻拨驳脖泊簸勃搏(薄)博
bu	不步布补捕部哺

C

ca	擦
cai	才菜彩采踩材财睬裁
can	蚕参灿惨餐残
cang	苍藏舱

cao	草操曹
ce	侧测厕策
ceng	层曾
cha	插差茶查察叉刹岔
chai	柴拆
chan	产蝉颤缠铲掺
chang	厂长常唱场(塲)尝肠敞
chao	潮炒抄(朝)超钞巢吵嘲
che	车扯彻澈撤
chen	晨陈尘沉辰趁衬忱
cheng	成城诚乘称秤撑程(盛)呈橙惩
chi	尺吃迟池翅齿赤弛持驰
chong	虫冲(重)充(冲)崇
chou	丑臭抽仇筹绸酬愁
chu	出处初除础锄楚触厨矗储畜橱
chuan	穿船传串喘川
chuang	创床窗闯
chui	吹垂炊锤
chun	春唇椿纯蠢
ci	次慈词刺此辞赐
cong	从丛匆聪葱
cou	凑
cu	粗簇促
cuan	窜

cui	脆翠
cun	村寸存
cuo	错

D

da	大打答达搭(答)
dai	代带袋呆待逮戴(大)
dan	单蛋淡担胆但(弹)旦丹诞(担)耽
dang	党当(当)挡荡
dao	刀到岛道倒稻导(倒)蹈盗叨悼捣
de	的(地)得(得)德
dei	(得)
deng	灯等登凳瞪
di	弟地第敌低递底笛滴堤帝(的)抵
dian	电点典殿店甸垫颠奠
diao	叼掉吊钓雕(调)
die	蝶碟叠爹
ding	定丁盯顶钉(钉)订叮鼎
diu	丢
dong	东动冻洞冬懂
dou	都豆斗逗抖蚪陡兜
du	读(都)度肚堵镀杜渡独妒毒睹督
duan	短端段断锻

dui	对堆队
dun	蹲顿吨
duo	多朵躲夺

E

e	鹅恶饿额俄峨
en	恩
er	二耳儿尔而

F

fa	法发(发)筏乏伐罚阀
fan	饭反帆返翻犯凡烦繁范番泛
fang	方房放仿防访坊妨纺
fei	飞非肥费沸肺废翡匪
fen	分纷(分)粉份吩奋愤芬
feng	风枫蜂峰逢锋丰缝封缝凤疯奉讽
fo	(佛)
fou	否
fu	父服福附幅符咐腹富佛妇扶斧伏夫腐浮负复府拂付副(服)抚赴覆肤

G

ga	轧

gai	该盖溉概
gan	干敢竿赶(干)杆感甘秆(杆)
gang	刚钢港冈纲岗缸
gao	高羔告糕稿篙搞
ge	个哥歌割各格革胳(格)隔阁戈(个)葛搁
gei	给
gen	跟根
geng	更(更)
gong	工公共宫功拱弓供攻贡(供)
gou	狗钩沟够苟构勾购
gu	古故姑咕骨谷鼓固顾股孤(骨)估雇
gua	瓜挂呱刮褂
guai	怪乖拐
guan	关馆观官管惯罐贯冠棺灌
guang	广光
gui	桂龟归贵轨规跪鬼柜
gun	滚棍
guo	国果过锅裹

H

ha	哈
hai	海孩害还
han	喊汗寒含汉旱撼

hang	杭(行)航
hao	好(好)号毫浩(号)耗豪壕
he	禾和河喝荷盒褐何合鹤贺(喝)核
hei	黑
hen	很恨狠痕
heng	横衡恒
hong	红虹洪哄轰(哄)烘鸿
hou	后候猴厚吼喉
hu	虎狐护互户葫湖胡忽蝴糊乎呼壶
hua	花画化话桦华滑哗划(划)猾哗
huai	坏怀槐
huan	欢唤环换缓幻
huang	黄晃慌谎(晃)煌凰荒皇
hui	会回绘徽灰慧挥毁辉悔诲恢汇
hun	浑魂混昏
huo	火活伙或货获惑
hng	哼

J

ji	己鸡几机记极季激际纪技讥急吉挤迹基疾积绩济及继计寂既击箕肌圾籍集寄级(几)饥即嫉(济)冀忌(系)祭
jia	家稼加假架驾价甲夹荚佳(假)嘉
jian	尖见件间舰简箭剑捡渐建健拣坚监剪艰检肩茧俭减键

荐歼贱溅

jiang	江讲降奖僵将浆匠(强)疆(将)桨
jiao	叫脚教浇(教)角交狡较胶郊饺窖骄焦矫娇绞
jie	姐结借界洁节(结)截解戒接阶揭街睫杰介竭
jin	进近今金巾斤紧尽仅筋(尽)劲津禁晋锦襟
jing	惊京茎睛井景经警净晶精静敬镜境径鲸竟竞颈
jiu	九就究臼旧久救纠疚酒揪舅
juan	鹃卷(圈)倦
ju	句举距巨居锯具橘据聚拘菊拒剧
jue	觉决绝倔掘诀
jun	军均君峻菌俊钧骏竣

K

ka	卡
kai	开凯慨揩楷
kan	看砍(看)堪勘
kang	抗康慷扛炕
kao	靠考拷烤
ke	渴可棵壳课刻科客颗蝌磕稞咳克
ken	恳肯
keng	坑
kong	空(空)孔恐控

kou	口扣寇
ku	苦枯裤酷哭库窟
kua	跨夸垮挎
kuai	快块筷
kuan	宽款
kuang	狂筐况矿旷
kui	葵愧盔
kun	困捆昆坤
kuo	阔括扩

L

la	拉啦腊垃(啦)辣蜡
lai	来
lan	监蓝栏婪兰拦览烂滥澜
lang	浪狼郎廊
lao	老劳捞牢
le	了乐勒
lei	雷累泪类垒
leng	冷愣
li	里梨力丽粒立狸理李利离历篱礼例厉鹂璃励黎哩厘漓
lian	脸连怜练帘镰炼链联莲恋廉
liang	两亮辆粮凉量晾梁良(量)谅梁
lia	俩
liao	(了)瞭料辽疗嘹

lie	列烈裂猎咧劣
lin	林临淋邻
ling	岭领令陵铃另灵零凌
liu	六流柳留溜榴浏
long	龙笼隆聋窿茏拢胧
lou	楼(露)搂篓漏
lu	路露芦鹿录炉陆碌鲁庐鹭卢
lu	绿旅屡滤律虑
luan	乱卵峦
lue	略掠
lun	论轮仑伦
luo	落萝骆锣罗箩络螺洛

M

ma	马妈吗蚂骂麻码嘛
mai	买埋麦卖迈
man	满慢漫曼蔓蛮
mang	忙茫芒盲
mao	猫毛茂貌帽冒茅
me	么
mei	没美妹每梅眉枚霉媚煤
men	门们闷
meng	蒙猛梦(蒙)孟
mi	米谜迷蜜密眯秘

mian	面棉眠绵勉免
miao	苗庙描妙秒瞄渺
mie	灭蔑
min	民皿敏闽岷
ming	明鸣命名
mo	墨莫(模)默摸磨(磨)末寞摹(没)抹魔沫漠
mu	目木牧模母幕沐亩拇暮慕
mou	某

N

na	那哪(哪)拿
nai	奶耐奈乃
nan	南难男(难)
nang	囊
nao	脑闹挠
ne	呢
nei	内
nen	嫩
neng	能
ni	你泥逆
nian	年念
niang	娘酿
niao	鸟尿
nie	捏

nin	您
ning	宁凝拧
niu	牛扭钮
nong	农弄浓
nu	怒努
nü	女
nuan	暖
nuo	挪

O

ou	鸥偶

P

pa	爬怕趴
pai	拍排派
pan	盘攀判盼潘畔
pang	旁乓庞胖
pao	跑炮泡抛(泡)袍
pei	配陪佩
pen	盆喷
peng	朋棚捧蓬碰篷
pi	匹皮披批疲辟
pian	片骗翩(便)偏(片)(扁)篇
piao	飘票漂瞟(漂)瓢

第六章 小学需要学习的 2500 个汉字

pie	撇
pin	品贫拼
ping	苹平评坪乒瓶屏凭
po	破泼坡婆迫(泊)魄颇
pou	
pu	铺扑朴脯蒲瀑葡普谱(铺)

Q

qi	七气起奇器汽骑齐其期旗启乞漆砌泣妻弃棋欺
qia	掐恰洽
qian	前铅千浅钱潜歉牵嵌遣钳乾欠迁
qiang	枪墙抢强腔
qiao	悄巧桥敲瞧峭翘俏
qie	切且茄
qin	亲琴勤侵擒秦
qing	青清轻请情蜻晴倾庆擎
qiong	穷
qiu	秋球求丘囚
qu	去区曲趣取躯(曲)屈渠驱
quan	泉全犬圈劝拳券权
que	确雀鹊却缺
qun	群裙

R

ran	然燃染

rang	让嚷
rao	绕扰饶
re	热惹
ren	人认忍任仁韧(任)
reng	扔仍
ri	日
rong	榕容荣融绒
rou	肉柔揉
ru	入如乳褥辱
ruan	软
rui	锐
run	润
ruo	弱若

S

sa	洒撒(撒)萨
sai	塞赛腮(塞)
san	三伞散
sang	嗓桑丧
sao	扫
se	色瑟
sen	森
sha	沙纱傻杀煞厦
shai	晒

shan	山闪扇衫杉善陕删
shang	上伤裳商赏尚晌
shao	少勺烧(少)哨绍稍梢
she	舌射摄社设舍蛇(折)涉
shen	什身神伸(参)深渗审甚呻慎绅
sheng	生声升盛胜剩牲省绳圣
shi	十石是时师实视士室事世市柿始食识湿式失驶使狮诗试史势适侍(似)饰释拾尸氏拭示逝施
shou	手收首瘦受守寿兽授
shu	树书熟术数(数)叔束暑竖输舒属塾疏鼠恕署抒述蔬
shua	刷
shuai	甩率摔
shuan	拴
shuang	双霜爽
shui	水谁睡
shun	顺吮
shuo	说烁
si	四思斯寺饲司死似丝私肆撕
song	送松诵宋耸
sou	搜嗖艘
suan	算酸
sui	岁随虽碎穗
sun	孙笋损
suo	所索销缩

su	诉宿速粟塑苏肃素俗

T

ta	他它她塔踏塌蹋(踏)
tai	太台抬态苔胎泰
tan	坛潭弹毯谈探叹滩贪坦炭痰
tang	塘堂烫躺膛唐倘糖
tuo	桃讨萄淘逃涛滔套掏陶绦
te	特
teng	疼腾
ti	提体啼题梯替惕踢蹄涕
tian	田天甜添填
tiao	条跳挑眺(挑)调
tie	贴铁
ting	听蜓挺停庭厅亭艇
tong	同童桐痛铜通统筒桶
tou	头透偷投
tu	土兔图吐涂途突屠徒秃
tuan	团
tui	腿退推
tun	吞臀屯
tuo	脱驼拖托

第六章 小学需要学习的2500个汉字

W

wa	蛙挖袜哇洼娃瓦(哇)
wai	外歪
wan	玩弯完晚豌碗顽湾万蔓蜿丸宛
wang	王往忘望汪网亡妄旺
wei	尾位围卫为(为)伟苇违威维味微危委伪偎未谓喂魏胃唯萎慰巍蔚
wen	文问温闻蚊纹稳吻
weng	翁嗡
wo	我窝握卧
wu	五乌无午物梧屋武雾伍舞吾务吴污妩芜悟误捂(恶)侮

X

xi	西习溪细息喜席戏牺吸惜希系膝悉洗析隙晰夕袭稀熄
xia	下虾夏吓霞峡狭匣瞎瑕暇
xian	鲜现先线弦闲仙显险掀陷限县献(鲜)嫌舷衔宪
xiang	向香想像响乡相象详祥镶箱(降)享翔
xiao	小笑消校晓效啸
xie	写些谢鞋械歇泄泻斜协胁屑
xin	心新辛信欣
xing	星兴醒行(兴)形幸猩杏性型刑姓
xiong	雄兄胸熊凶汹

xiu	袖秀修绣休羞锈
xu	许须续需蓄绪徐序虚
xuan	旋(旋)宣喧悬选
xue	学雪穴血靴削
xun	寻迅旬驯循讯询

Y

ya	鸭牙呀亚鸦蚜讶压(呀)芽崖轧哑雅涯押
yan	燕眼沿言演岩雁颜厌研艳烟淹延验严盐宴掩砚炎蜒檐焰
yang	羊洋阳样杨秧扬央养恙漾仰痒殃
yao	要腰摇窑咬药(要)遥瑶邀耀谣窖
ye	也叶夜爷野页业冶椰咽
yi	一衣以医意蚁已姨易疑议依移义宜椅译翼遗忆役异绎仪谊艺屹倚益毅亿溢
yin	音因阴银引隐印吟饮
ying	应鹰英迎影硬蝇映萤营莹盈荧莺赢(应)
you	右有又友游由油优尤悠犹幽幼柚邮忧
yu	雨鱼玉语羽预欲育豫喻遇浴与于渔榆寓余愈誉愉郁宇狱御峪迂娱
yuan	园远圆原员愿元院猿渊源缘援怨
yo	哟
yue	月越约悦阅跃

yun	云运匀晕蕴允
yong	用勇泳永涌咏拥庸

Z

za	杂扎砸
zai	在再载灾栽(载)
zan	咱赞暂
zang	脏(脏)葬
zao	早造遭灶皂藻糟凿枣燥
ze	责则择泽
zen	怎
zeng	增赠
zha	眨渣炸闸栅榨(扎)
zhai	摘窄债宅寨
zhan	战站沾盏展占粘崭斩瞻
zhang	(长)张仗杖丈胀涨障章掌帐
zhao	找(着)照朝赵招罩(爪)召
zhe	着这者折遮哲(折)浙
zhen	真振阵震珍诊镇侦
zheng	正争证整等政征症(正)郑睁(挣)挣拯蒸
zhi	只(只)直知蜘值植志枝治之芝织制止指支纸智帜职稚汁质置至殖致肢执址挚
zhong	中种重众(种)忠终钟(中)

zhou	舟周州皱轴昼洲肘骤宙粥
zhu	竹住助珠主注蛛柱祝猪著筑株烛嘱煮驻逐拄朱铸诸
zhua	爪抓
zhuan	专转(转)(传)砖
zhuang	庄装壮状撞妆桩
zhui	追坠
zhuai	拽
zhun	准
zhuo	捉桌啄(着)卓
zi	子自字仔紫资姿滓咨
zong	总棕踪纵综
zou	走奏揍
zu	足祖组族租阻
zuan	钻
zui	嘴最醉罪
zun	尊遵
zuo	左坐座作做昨

（庄文中整理）

第七章 初中需要学习的 1285个汉字

☆ 说明

一 本字表以1000个次常用字为主,也包括部分常用字和少数通用字。

二 字目前面的①,表示所领字是常用字,②是次常用字,③是通用字。

三 字目所收字头分为三级。同一级字头按汉语拼音音序排列。读音相同的字头,按笔画数由少到多排列;笔画数相同的,按起笔笔形横(一)、竖(丨)、撇(丿)、点(丶)、折(乛)的顺序排列。

四　字头形同而音、义不同的,分立条目。形、义相同而音不相同,各有适用范围的,也分立条目。形、音相同而意义上需要分别处理的,也分立条目。在字的右肩上标注阿拉伯数字,如苞¹、苞²。

五　每条都用汉语拼音字母注音。异读字的读音依照《普通话异读词审音表》审定的读音为标准。《普通话异读词审音表》未审的,依照语音演变规律和约定俗成的原则注音。专名(如姓氏、国名、地名等)首字母大写。

六　释义义项前标明该字所代表的词或语素的语法属性。

七　每个义项下有简单的词例,能单用的,则举出单用的例子。词例中用"～"代替本字或本词目,并列的词例之间用"｜"隔开。

八　对容易读错、写错的字稍作提示,以避免读错、写错,用※表示。

九　小学语文课本一般教学 2500 个左右常用字。现代汉语 3500 个常用字减去小学教学的 2500 个字,得出初中仍需学习的 1000 个字,稍加调整,本表列出 1285 个初中需要学习的汉字。

十　现行语文课程标准对小学和初中应该学习的汉字,未作一一认定。初中仍需学习的汉字很难统计、认定,本表仅供参考。

☆ 字目

A

ā　②腌(～臜)

āi　①唉(～声叹气)②埃

ái　②癌

ǎi　②蔼

ài　①唉(～,病了)②艾(～蒿)隘

ān　②氨庵鞍

āng	②肮	bèng	②泵蚌(~埠)绷(~脆)
āo	②凹熬(~菜)	bí	②荸
áo	②熬(~煎)	bǐ	①鄙②匕秕
ǎo	②拗	bì	①币毙秘(~鲁)辟(复~)弊②庇泌(~阳)蓖痹璧
ào	②拗(~口)澳懊		
		biān	②蝙
		biǎn	②贬匾
B		biāo	②彪膘
bā	①疤②叭芭捌	biē	②瘪(~三)憋鳖
bǎ	②靶	biě	②瘪(干~)
bà	①霸②耙(~地)	biè	①别(~扭)
bāi	②掰	bīn	②彬缤濒
bǎi	①伯(大~子)	bìn	②鬓
bān	②扳颁	bǐng	①饼②禀
bàn	①伴②绊	bō	①剥(~削)菠
bāng	②梆	bó	①柏(~林)博②舶渤
bàng	②蚌谤	bǒ	②跛
bāo	①炮(锅~肉)②苞褒	bǔ	①堡(瓦窑~)①卜(占~)
bào	②刨(~床)	bù	①怖②埠簿
bēi	②卑		
bèi	①辈②焙	**C**	
bei	①臂(胳~)	cāi	①猜
běn	③苯	cān	③骖
bèn	①奔(~头)笨	cán	①惭
bēng	②绷(~带)	cāng	①仓②沧
běng	②绷(~脸)		

cāo	②糙	chí	①匙(汤~)
cáo	①槽	chǐ	①耻②侈哆
cè	①册	chì	①斥
cēn	①参(~差)	chóng	①种(姓)
cèng	②蹭	chǒng	②宠
chā	②杈喳(喊喊~~)碴	chóu	①稠②畴
chá	②茬碴	chú	②雏
chǎ	①叉②衩(裤~)	chǔ	①处
chà	①叉(劈~)差(~不多)②杈(树~)衩(开~)	chuāi	②揣(把钱包~起来)
		chuǎi	②揣(~测)
		chuài	②揣(挣~)
chāi	①差(出~)	chuāng	①疮
chái	②豺	chuáng	②幢
chān	②搀	chuàng	①创
chán	①单(~于)馋	chuí	②捶椎(~心泣血)
chǎn	②阐	chún	②淳醇
chāng	①昌倡②猖	chuō	②戳
cháng	①偿	chuò	②绰(宽~)
chàng	①畅倡	cī	①差(参~)
chāo	②绰(~起棍子)剿(~袭)	cí	①磁②祠瓷雌
chén	①臣	cì	②伺(~候)
chèn	①称(~心)	cōng	②囱
chēng	②铛(饼~)	cù	②醋
chéng	①乘(~凉)②澄	cuán	②攒(~聚)
chěng	①逞	cuàn	②篡
chī	②嗤痴		

cuī	①衰催摧②崔	diāo	②刁碉
cuì	②悴粹	dié	②谍
cuō	②搓撮	dìng	②锭
cuò	②挫措锉	dǒng	①董
		dòng	①栋
	D	dòu	②痘
dá	②瘩(~背)	dú	②犊
da	②瘩(疙~)	dǔ	①赌
dǎi	②歹	duàn	①缎
dài	①贷怠	duì	②兑
dǎn	②掸	dūn	②敦墩
dàn	①石(二百~粮食)②氮	dǔn	②盹
dāng	②铛(小锣敲得~~响)裆	dùn	①盾②囤钝
dàng	①档	duō	①哆
dáo	①叨(~咕)	duó	①度(揣~)②踱
dǎo	②祷	duǒ	②垛(~子)
dēng	②蹬(~在窗台上擦玻璃)	duò	①惰②驮(~子)垛(草~)舵堕跺
dèng	②邓澄(把水~清)蹬(蹭~)		
dī	①提(~防)嘀(~里嘟噜)		**E**
dí	②涤嘀(~咕)嫡	ē	①阿
dì	②蒂缔	é	①蛾②讹
diān	②掂	è	②扼遏愕噩鳄
diǎn	②碘	ěr	②饵
diàn	②佃玷淀惦	èr	②贰

F

fán	②矾樊
fàn	①贩
fāng	①芳
fáng	②肪
fēi	②菲(芳~)啡
fěi	②诽菲(~薄)
fèi	②吠
fēn	②氛
fén	①坟②焚
fèn	①粪②忿
féng	②冯(姓)
fū	②麸孵敷
fú	①俘②凫芙袱辐蝠
fǔ	①俯辅
fù	①服(一~药)傅②赋缚

G

gā	①夹(~肢窝)②咖(~哩)
gá	轧
gǎi	①改
gài	②丐芥(~菜)钙
gān	①肝②柑
gǎn	②橄
gāng	①扛(力能~鼎)②肛
gàng	①杠钢(把刀~一~)
gāo	①膏
gǎo	②镐(~头)
gào	①膏(~笔)
gē	①鸽②疙
gé	②蛤(~蜊)
gě	①合(一~)盖(姓)
gēng	①耕②羹
gěng	①颈②埂耿梗
gōng	①恭躬②蚣
gǒng	①巩②汞
gōu	①勾(~结)
gòu	①勾(~当)②垢
gū	①辜②沽菇箍
gǔ	②贾(商~)
guǎ	②寡
guà	②卦
guàng	②逛
guī	②闺硅瑰
guǐ	②诡
guì	②刽
guō	②郭涡(~河)

116

H

há	②蛤(~蟆)
hǎ	①哈(~达)
hà	①哈(~什妈)
hāi	①咳(~我怎么这么糊涂)
hài	②亥骇
hān	②酣憨
hán	②函涵韩
hǎn	②罕
hàn	②捍悍焊翰憾
hāng	②夯
háng	②吭(引~高歌)
hàng	①巷(~道)
hāo	②蒿
háo	②嚎
hào	②镐(古地名)
hē	②呵(~斥)
hè	①吓(恐~)和(~诗)①荷(电~)②赫
hēi	②嘿
hēng	②哼
hèng	①横(蛮~)
hng	②哼
hóng	①宏
hóu	②侯
hòu	②侯(闽~)
hū	①戏(於~)
hú	①和核(杏~儿)②弧
hǔ	②唬
hù	①糊(~弄)②沪
huàn	①患②宦涣焕痪
huáng	②惶蝗磺
huǎng	②恍幌
huí	②茴蛔
huì	①贿惠②讳晦秽溃(~脓)
hūn	①婚②荤
hùn	①混(~合)
huō	②豁(~口)
huó	①和(~泥)
huò	①和(~药)祸②霍豁(~然开朗)

J

jī	①奇(~数)②叽唧畸稽
jí	②棘辑
jǐ	①纪(姓)给脊

jì	②妓剂荠(~菜)鲫	jìng	①劲②靖
jiā	①茄(雪~)②枷	jiǒng	②窘
jiá	②颊	jiū	②鸠
jiǎ	②贾(姓)钾	jiǔ	②玖灸韭
jià	①嫁	jū	①车(舍~保帅)据(拮~)鞠②沮驹
jiān	①奸兼煎		
jiǎn	②柬碱	jú	①局
jiàn	①践鉴②涧	jǔ	①柜(~柳)矩②沮
jiāng	①姜②缰	jù	①拒俱剧惧②炬沮
jiǎng	②蒋	juān	①捐
jiàng	①虹(义同hóng,限于单用)强酱	juàn	①绢圈②眷
		jué	①角(~斗)嚼脚②爵
jiāo	①椒蕉②礁	jūn	①龟(~裂)
jiáo	①嚼(咬文~字)		
jiǎo	①搅缴②侥(~幸)剿(围~)	**K**	
jiào	①觉(睡~)校(~订)轿嚼(倒~)②醮	kā	②咖(~啡)
		kān	①刊
		kǎn	②坎
jiē	①皆②秸	kāng	①糠
jié	①劫捷	kào	②铐
jiè	①届②芥诫	kē	②坷(~垃)苛呵(~叱)
jǐn	①谨	kě	②坷(坎~)
jìn	②浸	kè	①可(~汗)
jīng	②荆兢	kěn	①垦②啃
jǐng	②阱	kēng	②吭

kōu	②抠			唠烙酪
kuà	②胯		lēi	①勒(~紧)
kuài	①会(~计)		léi	①累(~~)②擂(自吹自~)
kuàng	①框②眶		lěi	①累(~计)②蕾儡
kuī	①亏②窥		lèi	①累(劳~)②肋擂(~台)
kuí	②魁		lēng	②棱(扑~)
kuǐ	②傀		léng	②棱楞
kuì	②溃(~散)		lí	①犁
kuò	②廓		lǐ	②鲤
			lì	①隶栗②吏沥荔俐莉砾疠痢
	L			
lā	①拉(~祜族)		liǎ	俩
lá	①拉(~个口子)		liǎn	②敛
lǎ	①拉(半~)喇		liǎng	①俩(伎~)
là	①落(丢三~四)②瘌		liàng	①凉(饭~一~)
lái	②莱		liāo	②撩
lài	①赖②癞		liáo	①僚②聊寥撩潦缭燎(~原)
lǎn	①懒②揽缆榄		liǎo	②燎(烟熏火~)
lan	①蓝(苤~)		liào	②镣
láng	②琅榔		liě	②咧(大大~~)
lǎng	①朗		lín	②琳磷鳞
làng	①郎(屎壳~)		lǐn	②凛檩
láo	②唠		lìn	①淋(~硝)②吝赁躏
lǎo	①姥			
lào	①络(~子)涝落(~枕)②			

líng	①令(~狐)伶龄②玲菱蛉翎棱(穆~)	mǎ	①吗(~啡)②玛
lǐng	①令(一~纸)	mài	①脉(山~)
liú	①刘②琉硫馏瘤	mán	①蛮馒螨
liù	①陆碌(~碡)②馏	màn	②幔
lóng	②咙胧	máng	②氓
lǒng	①垄	mǎng	②莽
lòng	①弄(~堂)	máo	①矛②锚
lòu	②陋	mǎo	②铆
lú	②颅	mào	①贸
lǔ	①虏②卤	méi	②玫媒楣
lù	②赂	mèi	②昧
lǘ	①驴	méng	①萌盟②氓檬朦
lǚ	②吕侣铝缕履	měng	②锰
lǜ	①率(效~)②氯	mī	②咪
lūn	②抡(~拳)	mí	②弥糜靡(奢~)
lún	②抡(~材)沦论(~语)	mǐ	②靡(所向披~)
luō	②啰	mì	②觅泌
luó	①骡②逻	miǎn	②娩冕缅
luǒ	②裸	miǎo	①藐
luò	②烙	mǐn	②悯
		míng	②铭螟
M		miù	②谬
		mó	①膜摩②馍蘑
mā	①抹(~布)摩(~挲)	mò	①万(~俟)抹脉②茉陌嘿
má	②蟆	móu	①谋

mǔ	②牡姆姥		
mù	①墓②募睦穆	ōu	①区(姓)欧②殴
		ǒu	②呕藕

N

O

P

nà	①纳②呐钠娜(人名用字)捺	pá	①扒(~手)②耙(~子)
nǎo	①恼	pà	②帕
né	①哪(~吒)	pái	①牌②徘
něi	②馁	pǎi	①迫
ní	①尼	pài	②湃
nǐ	②拟	pān	①番(~禺)
nì	②昵匿腻溺	pàn	①叛
niān	②蔫	pāng	①膀(~肿)
niǎn	②捻撵碾	páng	①膀(~胱)螃
niè	②聂镊孽	páo	②刨(~坑)咆炮
níng	②狞柠	pēi	②胚
nìng	②泞	péi	①培赔
niǔ	①纽	pèi	②沛
niù	②拗(执~)	pèn	①喷
nóng	②脓	pēng	②砰烹
nú	①奴	péng	①膨②彭硼鹏澎
nüè	②疟(~疾)虐	pī	①劈(~山)②坯霹
nuó	②娜(婀~)	pí	①脾②啤
nuò	②诺懦糯	pǐ	①否(~极泰来)劈(~柴)

pì	①僻②屁臀	qiāng	②呛
piān	①扁(~舟)	qiǎng	①强(~词夺理)
piáo	①朴(姓)	qiàng	②呛(~嗓子)
pín	②频	qiāo	①雀(~子)锹②跷
pìn	②聘	qiáo	①乔侨②荞憔
píng	①萍②冯(暴虎~河)	qiǎo	①悄雀
pō	①朴(~刀)	qiào	①壳(地~)②窍撬
pò	①朴(~树)	qiè	①窃②怯
pōu	①剖	qīn	②钦
pū	①仆	qín	①芹禽
pú	①仆(~人)②菩	qǐn	②寝
pǔ	②圃浦	qīng	②氢卿
pù	①堡(十里~)暴(一~十寒)	qǐng	①顷
		qióng	②琼
		qiū	①龟(~兹)蚯
	Q	qiú	①仇(姓)
qī	①戚②柒栖凄嘁	qū	②岖蛆
qí	②歧祈荠(荸~)脐畦崎鳍	qǔ	②娶
qǐ	①岂企②稽(~首)	quán	②痊
qì	②迄契	qué	②瘸
qiǎ	①卡(~子)		
qiān	①谦签		**R**
qián	②黔	ráng	②瓤
qiǎn	②遣	rǎng	①壤②攘
qiàn	①纤(拉~)	rèn	①刃②纫

róng	①熔②茸蓉溶	shān	②苫(草~子)珊栅
rǒng	②冗	shǎn	②掺(~手)
róu	②蹂	shàn	①单(姓)扇(~子)②苫掸擅膳赡
rú	②儒蠕		
rǔ	①辱	shāng	①汤
ruǐ	②蕊	shǎng	①上
ruì	①瑞	shāo	①捎
rùn	②闰	sháo	②芍
		shào	①捎(~色)
S		shē	②奢赊
sà	②飒	shè	①舍②赦
sài	①塞(边~)	shéi	①谁
sān	②叁	shēn	①申
sàn	①散(~步)	shěn	①沈婶
sàng	①丧(~气)	shèn	①肾
sāo	②搔骚臊(~气)	shēng	②笙甥
sǎo	①嫂	shèng	①乘(千~之国)
sào	①扫(~帚)②臊(害~)	shī	②虱
sè	①塞(闭~)②涩	shí	①什蚀
sēng	②僧	shǐ	②矢屎
shā	②杉(~木)刹(~车)砂	shì	①恃嗜誓
shá	②啥	shi	①匙(钥~)殖(骨~)
shà	②煞(凶~)霎	shòu	①售
shāi	①筛	shū	①殊梳②枢淑
shǎi	①色(套~)	shú	②秫赎

shǔ	①数薯②黍蜀曙	tāi	②苔
shù	②庶墅漱	tài	②汰
shuǎ	①耍	tān	①摊②瘫
shuāi	①衰	tán	②昙谭檀
shuài	①帅②蟀	tǎn	②袒
shuān	②栓	tàn	②碳
shuàn	②涮	tāng	①汤趟(~地)
shuì	①说(游~)税	táng	②棠②搪
shùn	②瞬	tǎng	②淌
shuò	①数(~见不鲜)②硕	tàng	①趟
sī	②嘶	tāo	①叨(~教)
sì	②伺(~机)	téng	②誊藤
sòng	①颂②讼	tī	②剔
sū	②酥	tì	①剃②屉
sù	①缩(~砂密)②溯	tián	①填②恬
suàn	①蒜	tiǎn	②舔
suī	①尿	tiáo	②笤
suí	②遂(半身不~)	tiē	①帖
suǐ	②髓	tiě	①帖
suì	②祟遂隧	tiè	①帖
suō	②唆梭嗦	tíng	②廷
suǒ	②琐	tóng	②彤瞳
		tǒng	②捅
	T	tòng	①同(胡~)通
tà	②拓(~片)	tū	②凸

tù	①吐		wǔ	②鹉
tuí	②颓		wù	①勿②坞晤
tuì	②蜕煺褪			
tún	②囤(~积)			**X**
tùn	②褪		xī	①锡②昔犀熙嬉蟋
tuó	②驮(~运)驼		xí	②媳
tuǒ	①妥②椭		xǐ	②铣(~床)徙
tuò	②拓(开~)唾		xiá	②侠辖
			xià	①厦(~门)
	W		xiān	①纤②锨
wà	①瓦(~刀)		xián	①贤咸②涎
wǎn	①挽②惋婉		xiǎn	②冼(姓)铣(铁~)
wàn	②腕		xiàn	①馅羡②腺
wǎng	②枉		xiāng	②厢湘
wēi	②薇		xiàng	①项巷相(~声)橡
wéi	②桅		xiāo	①削宵销②肖萧硝箫嚣
wěi	②纬		xiáo	②淆
wèi	①畏②尉猥蔚		xiào	①孝②肖哮
wēn	②瘟		xiē	②楔蝎
wěn	②紊		xié	①叶(~韵)邪携②挟谐
wèng	②瓮		xiě	①血
wō	②涡蜗		xiè	①卸解②懈蟹
wò	①沃		xīn	①薪②芯锌
wū	①呜②巫诬		xìn	②芯(~子)衅
wú	①蜈		xīng	①腥

xíng	②邢	yāng	②鸯
xǐng	①省	yǎng	①氧
xiōng	②匈	yāo	①妖②夭吆
xiǔ	①朽宿(三天两~)	yáo	②侥(僬~)肴姚
xiù	①臭(乳~)宿(星~)②嗅	yào	①钥(~匙)②疟(发~子)
xū	②呼	yē	①掖(把书~在怀里)
xù	①叙畜絮②旭恤酗婿	yé	①邪(莫~)
xuān	②轩	yè	①液②掖谒腋
xuán	②玄漩	yī	②伊揖壹椅(~桐)
xuǎn	②癣	yí	②夷胰
xuàn	①券(拱~)②炫	yǐ	①尾(马~儿)蚁
xuē	②薛	yì	②艾(自怨自~)抑邑奕逸肄
xūn	②勋熏		
xún	①巡	yīn	①姻②茵殷
xùn	①训②汛逊殉熏	yín	②淫
		yǐn	②蚓殷瘾
Y		yìn	①饮(~马)
yā	①哑(咿~)	yīng	①樱②婴缨鹦
yá	②衙	yǐng	②郢颖颍瘿
yà	①压(~根儿)	yō	①唷
yān	①咽(~喉)燕②殷(~红)腌(~菜)	yōng	①佣
		yǒng	②蛹踊
yán	①铅(~山)②阎	yòng	①佣
yǎn	②奄衍	yòu	①诱②佑
yàn	①咽(吞~)②唁谚堰	yū	①吁②淤

yú	①予愚②隅逾舆		zhái	②择
yǔ	①予屿		zhān	①占(~卜)②毡
yù	①与(参~)域裕②芋吁(~请)尉(~迟)蔚(~县)		zhàn	①颤(打冷~)②栈绽蘸
			zhāng	②彰樟
			zhàng	①涨(豆子泡~了)②账胀
yuān	①冤②鸳		zhāo	②昭
yuán	②袁辕		zhǎo	②沼
yuè	①钥(锁~)②岳粤		zhào	①兆
yún	①员(人名用字)②耘		zhé	②辙
yǔn	②陨		zhè	②蔗
yùn	①孕员(姓)韵②酝		zhēn	①贞针②斟榛
			zhěn	①枕②疹
Z			zhēng	①症(~结)②怔
			zhèng	②怔
zǎi	①宰		zhī	①脂②吱
zǎn	②攒(积~)		zhí	①侄
zāng	②赃		zhǐ	①旨②趾
zàng	①藏		zhì	①识(款~)秩挚②窒滞
zǎo	①澡②蚤		zhōng	②盅衷
zào	①躁②噪		zhǒng	①肿
zéi	①贼		zhòng	②仲
zēng	①曾②憎		zhōu	②诌
zhā	①扎查(姓)②喳		zhòu	②咒
zhá	①扎轧(~钢)②铡		zhú	①术
zhà	①炸②乍诈		zhǔ	①属
zhāi	②斋			

zhù	②贮蛀	zī	①滋②吱(老鼠~的一声跑了)
zhuǎi	①转(~文)	zǐ	②姊籽
zhuàn	①赚②撰	zōng	①宗
zhuàng	②幢	zú	②卒
zhuī	②椎锥	zǔ	②诅
zhuì	②缀赘	zuàn	②钻赚
zhūn	②谆	zuó	②琢
zhuō	②拙	zuǒ	②撮(一~儿毛)
zhuó	②灼茁卓酌琢		

A

腌 ā [腌臜]ā·zā ①形 肮脏,不洁净:这个洗手间太~。②形 别扭,不痛快:仅差一分没得到冠军,~极了。③形 恶劣:这个~泼才|不要那等~厮们动手,你自与我切。(《鲁提辖拳打镇关西》)

另见 yān。

唉¹ āi ①叹 应答声:~,我知道了。②叹 叹息声:~,竖子不足与谋!(《鸿门宴》)③拟声 形容叹息声或婴儿啼哭声:他数学考坏了,~~地直叹息!小儿啼声~~。

另见 ài。

埃¹ āi 名 尘土,灰尘:尘~|上食~土,下饮黄泉。(《劝学》)

埃² āi 量 用来计算光波及其他很短的电磁波等的长度单位。一埃等于一亿分之一厘米。

癌 ái 名 上皮组织生长出来的恶性肿瘤,按发生的部位可分肺癌、肝癌、乳腺癌等。

※统读 ái,不读 yán。

蔼 ǎi ①形 和气,态度好:和~|~然可亲。②形 繁茂:~~堂前林。(《和郭主簿》)

唉 ài 叹 表示失望、伤感或惋惜:~,美好的希望成了泡影|~,这次物理又考坏了。

另见 āi。

艾¹ ài ①名 又名艾蒿,草本植物,叶互生,开黄色小花。叶子有香气,可做中药。茎叶可制成艾绒,用于灸法治病,茎叶熏烟能驱蚊蝇。②(Ài)名 姓。

艾² ài 动 尽,停止:方兴未~。

艾³ ài 形 美好,漂亮:少~。

另见 yì。

隘 ài ①名 关口,险要的地方:关~|险~|~要。②形 狭窄:巷|狭~|~路。

※统读 ài,不读 ǎi。

氨 ān 名 氨气,氮的最普通的氢化物,分子式 NH_3。无色,有强烈刺激性臭味的气体,易溶于水,可制造氮肥、硝酸和兴奋剂。

庵 ān ①名 小草屋:茅~结草为~。②名 尼姑住的寺庙:~堂|尼姑~。

鞍 ān 名 放在骡马等牲口背上,供骑坐或驮东西用的器具:~子|~架|马~|愿为市~马,从此替爷征。(《木兰诗》)

肮 āng [肮脏]āngzāng①形 脏,不干净:衣被~~。②形 比喻思想、行为等卑鄙,丑恶:~的交易|~的灵魂。

凹 āo ①形 周围高,中间低于周围,与"凸"相对:~凸不平|~陷|~下的双眼|眼窝深深地~进去了。

※在表示上述意思时,统读 āo,不读 wā。

熬 āo 动 一种烹调方法,将食物放在水里加作料煮:~白菜|~豆腐。
另见 áo。

熬 áo ①动 长时间煮,慢煮:~粥|~药|~汤。②动 忍受,勉强支持:~夜|~日子|~时间|有~头。
另见 āo。

拗 ǎo 动 弄弯;折断:把筷子~断了。
另见 ào,niù。

拗 ào ①动 说起来不顺口:~口。②动 不依从,违背:违~。
另见 ǎo,niù。

澳 ào ①名 海边可以停船的天然港湾,多用于地名:三都~(在福建)。②(Ào)名 澳门的简称:港~地区。③(Ào)名 澳大利亚的简称。
※奥字上面的米字上头没有一撇。

懊 ào 动 后悔,烦恼:~悔|~恨|~丧|~恼。

B

疤 bā ①名 伤口或疮口长好后留下的痕迹:疮~|伤~|手上留下了一块~。②名 器物上像疤的痕迹:碗上有个~。

叭 bā 拟声 同吧(bā),形容断裂、撞击等的声音:~的一声,树枝断了。

芭 bā ①名 古书上说的一种香草。②[芭蕉]bājiāo 名 多年生草本植物,叶子长而大,果实像香蕉,可吃。叶和假茎可造纸。③(Bā)名 姓。

捌 bā 数 数词"八"的大写。

靶 bǎ 名 靶子,射箭或射击用的目标:打~|~箭|~枪|~心。

霸 bà ①名 古代诸侯联盟的首领:~业|~主(现指在某一领域或地区居支配地位的人或集团)。②名 依仗权势强横欺压他人的坏人:恶~|渔~|他是本地的一~。③动 依仗权势强力占有,霸住不让:~占|军阀割据,各~一方。④名 指霸权主义:称~|反~|~权。

耙 bà ①名 弄碎土块和平整土地的农具:钉齿~|圆盘~。②动 用耙碎土或平地:这块地已~过两遍|三犁三~。
另见 pá。

掰 bāi 动 用手把东西分开:~玉米|把月饼~成两半|~开揉碎。

伯 bǎi [大伯子]dàbǎi·zi 名 丈夫的哥哥。
另见 bó(小学)。

扳 bān ①动 拉,用力使位置固定的东西用力方向移动或转动:~闸|~枪栓|~道岔。②动 扭转,挽回劣势:~回一局。

颁 bān ①动 公布,发布:~行|~布。②动 发给:~奖。

伴 bàn ①名同在一起生活、工作或进行某种活动的人:同~|伙~|旅~|~侣。②动陪同,随同,配合:~同|~随|~奏|~唱|~音。

绊 bàn ①动挡住或缠住,使跌倒或行走不便:~脚石|~倒|~了一跤。②名套住马足的绳子:~子。③名摔跤的一种招数,用一只腿别着对方的腿,使摔倒:使~儿。

梆 bāng ①拟声敲打木头或竹筒的声音:~~|敲门板声。②[梆子]bāng·zi 名 a.旧时打更用的器具:敲~|击~。b.地方戏曲梆子腔打击乐器梆子的简称:随~唱曲。c.一种戏曲声腔,也指用梆子腔演唱的剧种的统称。

蚌 bàng 名软体动物,生活在淡水中,壳可做装饰品和供药用。有的种类可产珍珠。

另见 bèng。

※"蚌"的右边是三横一竖,而不是一撇两横一竖。

谤 bàng ①动诬蔑,无中生有的说人坏话,毁人名誉:诽~|毁~。②动指责别人的过失:设~木|能~讥于市朝,闻寡人之耳者,受下赏。(《邹忌讽齐王纳谏》)

炮 bāo ①动烹调方法,把肉片等放在热油锅中,用旺火急炒:~羊肉。②动烘烤,焙干:~干烟叶。

另见 páo,pào(小学)。

苞¹ bāo 名花没开放时,包着花骨朵的叶片:花~|含~欲放。

苞² bāo 形丛生,繁茂:竹~松茂。

褒 bāo 动赞美,夸奖,跟"贬"相对:~扬|~奖|~义|~贬不一。

刨 bào ①名刨床,推刮金属材料使平滑的机器:牛头~|龙门~。②名刨子,推刮木料使平滑的工具:平~|~槽。③动用刨子或刨床加工材料:~光|~平。

另见 páo。

卑 bēi ①形地位低微,低下,跟"尊"相对:~微|自~|~贱|不~不亢。②形地理位置低:地势~湿。③形(品质)低劣:品行~劣|行为~鄙。④形谦恭:谦~。

辈 bèi ①名家族世系相承的顺序,长幼的行次,辈分:长~|同~|晚~。②名人的一生:一~子|后半~子|干了一~子。③名类,一类:我~|等闲之~|无能之~。

焙 bèi 动用微火烘烤:~药材|杏仁儿|~干研细|烘~一点花椒粉。

臂 bei [胳臂]gē·bei 名胳膊。

另见 bì。

苯 běn 名碳氢化合物,分子式C_6H_6。无色液体,有香味,易挥发,有毒。可从煤焦油和石油中提取。可制燃料、香料和溶剂,是重要的化工原料和溶剂。

奔 bèn ①动 直奔目的地:投~亲戚|直~教室。②动 为某个目的尽力去做:为工厂~材料。③动 接近:我们都是~五十的人了。④介 朝、向:直~车站|一直~南走。

另见 bēn(小学)。

笨 bèn ①形 头脑不聪明:愚~|蠢~|他真~。②形 不灵活,不灵巧:嘴~|手~脚~|嘴拙舌~|鸟先飞。③形 笨重,费力气的:~活|柜子太~重,很难搬动。

绷 bēng ①动 捆,包扎:~带。②动 拉紧,紧:把绳子~直|衣服太小,紧~在身上|把弦~得紧紧的。③动 勉强支撑:~场面 ④动 缝纫方法,稀疏地缝上或用针别上:~被头|袖子上~着臂章。⑤动 猛然弹起:弹簧~飞了。⑥名 用棕绳或藤皮等编织的床屉子:床~|棕~|藤~。

另见 běng,bèng。

绷 běng ①动 板着脸,不高兴:~着脸|把脸一~。②动 强忍着,勉强支撑:~不住笑|~住劲,再坚持一会儿。

另见 bēng,bèng。

泵 bèng 名 一种能把液体或气体抽出或压入的机械:水~|油~|气~。旧称唧筒。

蚌 bèng [蚌埠]Bèngbù 名 地名,在安徽省。

另见 bàng。

绷 bèng 动 裂开:这个西瓜~开了缝儿。

另见 bēng,běng。

荸 bí [荸荠]bí·qi 名 多年生草本植物,一般栽在水田里。地下茎呈扁圆形,外皮赤褐色,肉白色,可吃,也可用于制淀粉。

鄙 bǐ ①形 谈吐、举止粗俗,低下:~俗|~陋|卑~。②动 轻视,看不起:~视|~夷。③形 谦辞,用于称自己:~人|~意。④名 边邑,边远的地方:边~|~邑。

※统读 bǐ,不读 bì。

匕 bǐ ①名 古代一种柄像汤匙的取食的长柄食具。②名 匕首,短剑或狭长的短刀:图穷~见。

秕 bǐ ①名 中空或不饱满的子粒:~糠|~谷。②形 子粒中空或不饱满:~谷子。

币 bì 名 钱,货币,商品交换的媒介物:硬~|纸~|~制|人民~。

毙 bì ①动 死:倒~|~命|击~|坐以待~。②动 开枪打死:把杀人犯~了。

秘 bì ①[秘鲁]Bìlǔ 名 国名,在南美洲。②(Bì)名 姓。

另见 mì(小学)。

辟¹ bì ①名 君主,国君:复~。②动 帝王征召并授予官职:征~。

辟² bì ①动 排除:~邪|~恶|~席 ②动 退避:退~三舍。

另见 pì(小学)。

弊¹ bì |名|毛病、害处,跟"利"相对:流~|时~|端~|病~|利多~少|兴利除~。

弊² bì |名|欺诈蒙骗的行为:作~|营私舞~。

庇 bì |动|遮盖,掩护:包~|~护。
※统读 bì,不读 pì。

泌 bì [泌阳]Bìyáng |名|地名,在河南省南部。
另见 mì。
※"泌"字右边是"必",不要写作"心"。

蓖 bì [蓖麻]bìmá |名|一年或多年生草本植物。种子叫蓖麻子,榨的油叫蓖麻油,可做泻药和润滑油。

痹 bì |名|痹症,中医指肢体受风、寒、湿气而引起肢体疼痛或麻木的病:麻~|风~|寒~。
※统读 bì,不读 pí 或 pì。

璧 bì ①|名|古代玉器,扁平,圆形,中间有孔,用作礼器或饰物:和氏~|白~无瑕。②|名|泛指美玉:珠连~合。③|名|退还别人赠送的礼物或完好地归还借用的东西:~还|谢~|敬~。
※"璧"字的下面是"玉",不是石。

蝙 biān [蝙蝠]biānfú |名|会飞的哺乳动物,头部和躯干像老鼠,前后肢和尾都有翼膜,夜间在空中飞翔,飞行时靠本身发出的超声波引导,捕食蚊、蛾等昆虫。
※统读 biān,不读 biǎn。

贬 biǎn ①|动|指出不完备的地方,给予低的评价,跟"褒"相对:~低|~抑|~损|褒~|别把他~得一无是处。②|动|降低:~低|~价|~值|~斥。③|动|降低官职:~职|~官|~谪(zhé)|~黜(chù)。

匾 biǎn ①|名|挂在门顶或墙上的题字的横牌:横~|~额|光荣~|绣金~。②|名|用竹篾(miè)等编的圆而浅的平底器具,用于养蚕或盛粮食:竹~。

彪 biāo ①|名|老虎身上的花纹。②|名|小老虎。③|形|比喻人的身材魁梧高大:~形大汉。④|形|文采鲜明灿烂:~炳|~焕。⑤|量|用于队伍(数词限用"一"):见一~人马到庄门。(《高祖还乡》)

膘 biāo |名|肥肉,多用于牲畜:猪长~|马掉~|~情。

瘪 biē [瘪三]biēsān |名|上海旧时称无正当职业,靠乞讨或偷窃为生的无业游民,他们通常是形体干瘪,举止猥(wěi)琐:干瘦得像个小~。
另见 biě。

憋 biē ①|动|闷,不舒畅:~气|~闷|船舱里~得很。②|动|勉强忍住,强行控制住:~足了劲|~着不咳嗽。

鳖 biē |名|爬行动物,生活在水中,形状像龟,背甲上有软皮,外沿有肉质软边,甲可供药用。也叫甲鱼、团鱼。俗称王八。

瘪 biě 形 凹进去,不饱满:~谷|皮球~了。

另见 biē。

别 biè [别扭]biè·niu ①形 不顺:看着真~|这人的脾气~。②形 不融洽,不投合:闹~|他俩总是~。③形 指说话、写文章不通顺,不流畅:这句话~。

另见 bié(小学)。

彬 bīn [彬彬]bīnbīn 形 形容言谈举止文雅:~有礼|文质~。

缤 bīn [缤纷]bīnfēn 形 繁盛,众多:色彩~|芳草鲜美,落英~。(《桃花源记》)

濒 bīn ①动 靠近(水边):~海|~湖。②动 接近,临近:~死|~危。

鬓 bìn 名 面颊两侧靠近耳朵长头发的部位,也指长在这个部位的头发:~角|~发|两~斑白。

饼 bǐng ①名 用米、面粉制成的扁圆形的食物:月~|烧~|烙~|油~。②名 形状扁圆像饼的东西:柿~|铁~|豆~。

禀¹ bǐng ①动 向上级或长辈报告:~告|~报|~明|回~。②名 旧指向上报告的文件:具~|详报。

禀² bǐng ①动 赋予:天~|~赋(天赋)。②动 承受,接受:~承旨意。

※下面是"示",不是"禾"。

剥 bō ①动 义同"剥"(bāo),多用于合成词或成语:盘~|生吞活~。②动 强行夺去:~削|~夺。③动 物体表面脱落:~落|~蚀。

菠 bō ①[菠菜]bōcài 名 一年生或多年生草本植物,是常见的蔬菜。②[菠萝]bōluó 名 多年生草本植物,果实呈球果状,果肉酸甜,有浓郁的香味,是著名的热带水果。也叫凤梨。

柏 bó 译音用字:~林(地名,在德国)|~拉图。

另见 bǎi(小学)。

博¹ bó ①形 多,丰富:广~|渊~|地大物~。②动 通晓,知道得多:~古通今。③形 广泛,普遍:~学|~览|~爱|~而不精。

博² bó 动 取得:~取|~得荣誉|聊~一笑。

博³ bó ①动 古代的一种棋戏,下棋:~弈(yì)。②动 泛指赌钱:赌~|~局。

舶 bó 名 航海的大船:船~|海~|巨~|~来品。

渤 bó 名 渤海,在山东半岛和辽东半岛之间。

跛 bǒ 形 腿或脚有残疾,走路时身体不平衡,一瘸一拐:~脚|~行|走路一~一~的。

堡 bǔ 名 堡子,指有围墙的村镇,多用于地名:瓦窑~(在陕西)|柴沟~(在河北)。

另见 bǎo(小学),pù。

卜 bǔ ①动 古代用龟甲等预测吉凶,后来泛指各种预测吉凶的活

动:占~|~卦|求签问~。②动推测,猜想:预~吉凶未~|生死未~。③动选择,挑选(处所):~居|~宅|~邻。④(Bǔ)名姓。

另见 bo(小学)。

怖 bù 动害怕:~惧|可~|恐~。

埠 bù ①名停船的码头:船~|~头。②名有码头的城镇:本~|外~。③名旧指与外国通商的城市,通商口岸:开~|商~。

簿 bù ①名供工作、学习等用的书写或记载某项事项的本子:笔记~|练习~|账~|记录~|收文~。②名文书,状纸:对~公堂(原告和被告同在法庭上受审问,核对状纸上的事实,以明是非曲直)。

C

猜 cāi ①动怀疑:~疑|~忌|~嫌|两小无~。②动推测,推想:~测|~想|~度|~谜语。

骖 cān 名古代指套着三匹马的车,也指驾在辕马两侧的马:两~如舞|左~右~|俨~騑于上路。(《滕王阁序》)

惭 cán 动羞愧:~愧|羞~|自~形秽|面有~色|大言不~。

仓 cāng ①名收藏谷物的地方:粮~|廪~|谷~。②名泛指储存物

资的建筑物:~库|货~|盐~|清~。③名仓位,投资者所持证券金额占其资金总量的比例:补~|持~。④(Cāng)名姓。

沧 cāng ①形水青绿色:~海|~江|~波。②形寒冷:~凉。

※右边是仓,不是仑。

糙 cāo ①形粗,不精细:~粮|~米。②形不细致,草率:毛~|~纸|这活儿干得太~。

※统读 cāo,不读 zào。

槽 cáo ①名盛喂牲畜饲料的器具:猪~|马~。②名盛饮料或其他液体的器具:水~|酒~。③名两边高起、中间凹下像槽的部分:牙~|河~。

册 cè ①名古代称编串起来用于书写的竹简,现在指装订好的本子:名~|画~|手~|小~子|纪念~。②名指皇帝用于封爵授官的诏书:~封|~立|~书。③量计算书本的单位:人手一~|这套书共八~|语文第三~。

参 cēn [参差]cēncī 形长短或高低不齐,不一致:~错落|~不齐。

另见 cān(小学),shēn(小学)。

蹭 cèng ①动摩;擦:手臂~破了一块皮|把刀放在磨石上~一~。②动碰上,沾上:~上了一身机油。③动行动迟缓,拖延:磨~|一步一步往前~。④动借机不用付出代价以得到好处:~吃~喝。

杈 chā 名 一种农具,一端为长柄,一端有两个以上的长齿,用来挑柴草:三股~。

另见 chà。

喳 chā ①[喳喳]chāchā 拟声 模拟小声说话的声音,也模拟鸟叫声:喊喊~|小鸟在枝头~叫。②[喳喳] 动 形容小声说话:在耳边~了两句|你们在~什么?

另见 zhā。

碴 chā [胡子拉碴]hú·zilāchā 形容满脸胡子,未加修剪。

另见 chá。

茬 chá ①名 庄稼收割后残留在地里的茎和根:麦~|豆~。②名 指在同一块地里,作物种植或收割的次数:换~|二~韭菜。③名 没剃净或刚长出的短而硬的头发或胡须。

碴 chá ①名 器物上的破口:碗~儿。②名 碎片,碎屑:玻璃~儿|冰~儿。③名 嫌隙,事端:找~儿打架|他俩从前就有~儿。④名 指中断了的话头或事情:答~儿|接~说。

另见 chā。

叉 chǎ 动 分开;张开:~开腿。

另见 chā(小学),chà。

衩 chǎ [裤衩]kùchǎ 名 短裤:游泳~|三角~。

另见 chà。

叉 chà [劈叉]pǐchà 名 武术、舞蹈等的一种动作,两腿向相反方向分开,臀部着地:学武术就要练~。

另见 chā(小学),chǎ。

差 chà ①形 不好,不够标准:素质~|成绩太~。②动 短少,欠缺:~一道题|十点~五分。③形 差错,错误:~失|走~了路|把话说~了。④形 不同,不相合:相~很远|~不多。

另见 chā,chāi,cī。

杈 chà 名 植物的分枝:~子打~|树~|花~|枝~|给棉花打~。

另见 chā。

衩 chà 名 指衣裙的下部两旁开口的地方:~口|裙~|这件旗袍开的~太大|两边开~。

另见 chǎ。

差 chāi ①动 分派,派遣:~使|派~|鬼使神~。②名 公务,职务:~事|出~|兼~|当~|撤~。③名 旧时指被派遣去做某项事务的人:钦~|县~|邮~。

另见 chā,chà,cī。

豺 chái 名 哺乳动物,外形像狼而较小,毛色赤棕或灰黄。四肢前长后短,性贪残,喜群居,常集体袭击人畜。也叫豺狗。

搀¹ chān 动 混合,掺杂:~兑|~假|把水泥和沙子~在一起|酒中~水。

搀² chān 动 扶:~老人过马路|把摔倒的小孩~起来。

单 chán [单于]chányú 名 古代匈奴对君主的称号。

另见 dān(小学),shàn。

馋 chán ①形看到好吃的东西而产生想吃的欲望:嘴~|~涎欲滴。②动贪爱,羡慕其他事物:眼~|手~|见人下棋就~得慌。③动使人产生想吃、想得到或想做的念头,使馋:~我呀!

阐 chǎn 动把道理说明:~明|~述|~发。
※读 chǎn,不读 shàn。

昌 chāng 形兴旺,发达:繁荣~盛|顺天者~。

倡 chāng 名古代指以演奏、歌舞为业的艺人:~优。
另见 chàng。

猖 chāng 形狂妄而放肆:~狂|~獗。

偿 cháng ①动归还:~还|~付|清~欠款。②动赔,抵补:抵~|补~|得不~失|赔~损失。③名代价,报酬:有~服务|无~收回|~金。④动实现,满足:如愿以~|得~宿愿。

畅 chàng ①形通达,没有阻碍:~通|流~|行无阻。②形痛快,尽情:~快|~饮|~所欲言|~叙友情。

倡 chàng ①动首先提出,带头发起:提~|首~|~议|~导。②动同"唱":一~百和。
另见 chāng。

抄 chāo 动抓取,急忙拿起:~起一根棍子自卫|~起扫帚就扫地|延

弃弓~刀,骤马上山坡来杀曹操。(《杨修之死》)
另见 chuò。

剿 chāo 动主要用文言义,抄袭,抄取:~袭他人的文章|~取别人的言论作为自己的说法。
另见 jiǎo。

臣 chén ①名君主制时代的官吏,有时候也包括百姓:君~|~子|下~|~民|总理大~。②名古代官吏对皇帝的自称:~本布衣。(《出师表》)③动认输,服从;役使,统治:~服。

称 chèn ①动符合;相当:~职|心如意。②形合适:匀~|对~。
另见 chēng(小学)。

铛 chēng 名烙饼或煎食物用的平底浅锅:饼~。
另见 dāng。

乘 chéng ①动骑,坐,搭:~马|~船|~火车|~飞机。②动利用,趁着:~势|~便|~机而入|~人之危|~风破浪。③名数学上求积的方法:~法。也用此动词,即进行乘法运算:用5~2。④名佛教的教义:大~|小~。
※不读 chèng。
另见 shèng。

澄 chéng ①形水清澈:~澈|~净|~莹。②动使清明,弄清楚:~清吏治|~清事实|玉宇~清万里埃。(《七律·和郭沫若同志》)

另见 dèng。

逞 chěng ①动显示炫耀：~能丨~强丨~威风。②动施展，实现（多指坏事）：决不叫敌人的阴谋得~丨百般钻营，以求一~。③动纵容，放纵：~性子。

嗤 chī 动讥笑：~笑丨~之以鼻（用鼻子出声，表示轻蔑）丨圆规很不平，显出鄙夷的神色，仿佛~笑……美国人不知道华盛顿似的。(《故乡》)

痴 chī ①形傻，愚笨：~呆丨发~丨~人说梦。②形极度迷恋：~心丨~情丨书~丨如醉如~丨如今~心就想中起老爷来！(《范进中举》)③名极度迷恋某人或某事物的人：书~。

匙 chí 名舀取液体或其它东西的小勺，俗称调羹：汤~丨茶~丨~子丨药有两~丨喝一~汤。

另见 shi。

耻 chǐ ①动羞愧，不光彩：羞~丨知~丨廉~丨浪费可~丨恬不知~。②名感到羞耻或不光彩、声誉上受到损害的事：奇~大辱丨报仇雪~。

侈 chǐ ①形浪费：奢~丨穷奢极~。②形夸大，过分：言~丨~谈丨~欲。

※统读 chǐ，不读 chì。

哆 chǐ 动文言义，张开（嘴）：~口。

另见 duō。

斥 chì ①动责备：~责丨~骂丨申~丨怒~。②动使离开：排~丨~退

~逐。③动开拓，扩大：~地千里。④动侦察：~候丨~骑（担任侦察的骑兵）。⑤形多，满：充~。

种 Chóng 名姓。

另见 zhǒng（小学），zhòng（小学）。

宠 chǒng 动喜爱，过分的爱（多用于上对下）：~爱丨~信丨~幸丨受~若惊丨骄~丨~坏了。

※不读 lóng。

稠 chóu ①形浓，跟"稀"相对：粥丨糯子打得不稀不~。②形多而密：人口~密丨~人广众丨地窄人~。

畴 chóu ①名田地：田~丨平~沃野丨将有事于西~。②名类，种类：范~丨洪范九~。

雏 chú ①形幼小的多指禽鸟：~鸡丨~燕。②名幼鸟：鸡~丨鸭~丨育~。③名小孩：挈妇将~鬓有丝。(《为了忘却的记念》)

处 chǔ ①动居住：穴居野~。②动位置在某处：设身~地丨地~闹市。③动交往，（和他人等）在一道：和平共~丨这人很难~。④动安排，决断：~置丨~理。⑤动惩罚：惩~丨~罚丨~以严刑。

另见 chù（小学）。

揣 chuāi 动藏在衣服里：把钱~好丨把手~在袖子里丨把信~在口袋里丨屠户连忙把拳头缩了回去，往腰里~。(《范进中举》)

另见 chuǎi, chuài。

揣 chuǎi 动估量,猜想:~测|~摩|~度。

另见 chuāi,chuài。

揣 chuài ①动挣揣,同"挣扎"。②名囊揣,同"囊膪(chuài)"(猪的胸腹部肥而松软的肉)。

另见 chuāi,chuǎi。

疮 chuāng ①名皮肤或黏膜肿烂的病:冻~|口~|褥~|~疤。②名伤口,外伤:刀~|棒~。

幢 chuáng ①名刻着佛号或经咒文的石柱子:经~|石~。②名古代用作仪仗的一类竖挂的旗子:旗~|幡(fān)~|~牙(将帅的大旗)。

另见 zhuàng。

创 chuàng ①动开始做,第一次做:~办|~刊|~新|~建|~奇迹|~世界纪录。②形崭新独到的,前所未有的:~举|~见|~意。

另见 chuāng(小学)。

捶 chuí 动用拳头或棍棒敲打:~打|~背|~一拳|~衣裳|~胸顿足。

椎 chuí ①同"槌",敲打用的棒。②同"捶":~心泣血。

另见 zhuī。

淳 chún ①形朴实,厚道:~朴|~厚。②[淳于](Chúnyú)名复姓。

醇 chún ①形酒味纯正,浓厚:~酒|酒味清~。②通"纯",纯粹,精纯不杂:~正|~厚|~儒|~驷(sì)(四马一色)。③名有机化合物的一大类,是含有羟(qiāng)基的烃(tīng)化合物,如乙醇(酒精)、胆固醇等。

戳 chuō ①动触,刺:~破|~穿|~了个洞|用手指~他的脸。②名图章:~子|邮~|盖~。③动因猛力触击硬物而受伤或损坏:打球把手~了|钢笔掉地,把笔尖~了。④动竖立,站:别~在那儿发呆|~起大旗。

绰 chuò ①形富余,宽裕:宽~|~有余|~有余裕。②形姿态柔美:~约|柔情~态|~约多姿。

另见 chāo。

差 cī [参差]cēncī 见"参"。

另见 chā(小学),chà(小学),chāi。

磁 cí ①名磁性,物质能吸引铁、镍、钴等金属的性能:~力|~石|~化。②名古同"瓷"。

祠 cí 名旧时祭祀神鬼、祖先或有功德、受崇敬的人的庙宇、房屋:~堂|宗~|武侯~|文天祥~。

瓷 cí ①名用纯净的黏土(高岭土)烧成的制品,质地坚硬细致,多为白色:~器|~砖|~碗|~窑。②名指瓷器:江西~|唐山~。

雌 cí 形母的,阴性的,跟"雄"相对:~鸡|~兔|~蜂|~蕊|~性。

伺 cí [伺候]ci·hou 动服侍照料:~病人|~老人。

另见 sì。

囱 cōng 名烟囱,炉灶、锅炉上排烟的管道。

醋 cù ①[名]酸味的液体调味品,用米或高粱等发酵酿制而成:米~|熏~|老陈~。②[名]比喻嫉妒的情绪:吃~|~意|~劲儿。

攒 cuán [动]聚拢,集中:~聚|~钱|~土|~眉(紧皱眉头)|万箭~心(形容万分悲痛)|人头~动(人多拥挤晃动)。

另见 zǎn。

篡 cuàn ①[动]用强力夺取,原指臣子夺取皇位,现指用阴谋夺取地位或权力:~位|~权|~弑。②[动]别有用心或据己意改动或曲解别人的文章:~改|~易。

※篡不同于纂(编纂)。

衰 cuī [动]文言义,按等级递减:等~。

另见 shuāi。

催 cuī ①[动]促使,叫人赶快行动:~促|~办|~人早起|~人泪下。②[动]使事物发展变化加快:~肥|~生|~眠|~奶|~化剂。

摧 cuī [动]折断,伤害,毁坏:~折|~毁|~残|~枯拉朽|无坚不~。

崔 cuī ①[形]形容山高大:~嵬(wéi)|~巍。②(Cuī)[名]姓。

悴 cuì [憔悴]qiáocuì,见"憔"。

粹 cuì ①[形]纯净不杂:纯~|~而不杂。②[名]精华:精~|~文|国~。

搓 cuō [动]用手掌相互揉擦,或将手掌放在工具上来回揉物:~手|~洗|~衣服|~绳子。

撮 cuō ①[动]聚拢,聚集:~垃圾成一堆|~了一簸箕土。②[动]用手指捏取细碎的东西:~了一点儿盐|~一点胡椒粉。③[动]摘取:~要|~录。④[量]用于手撮的东西,借指极小的量:一~盐|一~味精|一小~坏人。⑤市制容量单位,1市撮等于1毫升。

另见 zuǒ。

挫 cuò ①[动]事情进行中受阻或失利:~折|受~。②[动]降低,减弱,压下去:~锐气|~败|抑扬顿~。

措 cuò ①[动]安放,安置:~置|手足无~|不知所~|惊惶失~。②[动]计划办理:~施|~筹|~举|~手不及。

锉 cuò ①[名]一种条形多刃的手工切削工具,用来对金属、竹木、皮革等工件的表层进行加工:~刀|木~|钢~|扁~|三角~。②[动]用锉磨削:这块木板~得不平|这钢管口还要~一~。

D

瘩 dá [瘩背]dábèi [名]中医称长在背部的痈。

另见 da。

瘩 da [疙瘩]gē·da,见"疙"。

另见 dá。

歹 dǎi [形]坏,恶,跟"好"相对:~徒|~意|为非作~|不知好~。

贷 dài ①动借入或借出：向银行~款｜银行~｜给他一笔款。②动饶恕，减免：宽~｜严惩不~。③动推卸，推脱：责无旁~。④名借出的款项：农~｜信~｜高利~。

怠 dài ①形懒散，松懈：~惰｜工~忽。②形待人冷淡，不恭敬：~慢｜~傲。

掸 dǎn 动轻轻地拂去尘土等：~掉桌上的土｜把衣服上的灰~一~｜用布或鸡毛绑个~子。

另见 shàn。

石 dàn 量市制容量单位，1石等于10斗。换算为法定计量单位，关系是1市石等于100升：打了1~8斗麦子。

另见 shí（小学）。

氮 dàn 名气体元素，符号 N。无色，无臭，无味，不能燃烧，也不能助燃，约占空气总体积的五分之四。氮是构成植物蛋白质的重要成分。可用来制造氨、硝酸和氮肥等。

铛 dāng 拟声形容金属器物撞击的声音：小锣敲得~~响｜的一声，饭盒掉在地上了。

另见 chēng。

裆 dāng ①名两条裤腿相连的部分：裤~｜开~裤。②名两条腿之间的部位：腿~｜胯~｜兔子从他~底下蹿出去了。

档 dàng ①名存放公文案卷的带格子的橱柜：存~｜归~。②名分类保存的文件、材料等：~案｜查~。③名器物上起支撑或分隔作用的条状物：横~｜床~｜十三~算盘。④名商品、产品的等级：~次｜高~产品。⑤量相当于件、批、桩：事情一~又一~。

叨 dáo ［叨咕］dáo·gu 动小声叨叨：你们俩不要在下面~！

另见 dāo（小学），tāo。

祷 dǎo ①动祈求神的保佑：~告｜祈~｜默~。②动书信用语，表示盼望、请求：盼~｜是所至~｜敬求光临为~。

蹬 dēng ①踩，踏：~在窗台上擦玻璃｜~在人的肩膀上向上爬。②腿和脚向脚底的方向用力：~水车｜~三轮车｜~缝纫机｜他一脚。

另见 dèng。

邓 Dèng 名姓。

澄 dèng ①动使液体里的杂质沉淀，液体变清：把浑水~清了。②动把容器中液体里的东西挡住，倒出液体：~出一碗豆沙来。

另见 chéng。

蹭 dèng ［蹭蹬］cèngdèng 动遭遇挫折，失意困顿：~遭谗毁｜一世~，未曾得志。

另见 dēng。

提 dī ①［提防］dīfáng 动小心防备：~煤气中毒｜走漏消息。②［提溜］dī·liu 动提（tí）手里~着皮包｜心里总是~着,怕出事。

另见 tí(小学)。

嘀 dī ①[嘀里嘟噜]dī·lidūlū 拟声 形容一连串让人听不懂的说话声:外国游客~地说了半天,谁也听不懂。②[嘀嗒]dī·dā 拟声 时钟~~在走|屋檐的雨水~~地往下滴。现在通常写作"滴答"。

另见 dí。

涤 dí ①动 洗,清洗:洗~|荡~|~器。②动 清除,净:~除|净心~虑。

嘀 dí [嘀咕]dí·gu ①动 私下里小声说话:他们在背地~什么呢?②动 心中不安,犹豫不定:她心里直~。

另见 dí。

嫡 dí ①名 旧指正妻,也指正妻生的孩子成家族的正支,跟"庶"相对:~出(正妻所生)|~子|废~立庶。②名 指血统最亲近的:~亲姐妹|~堂兄弟。③名 正宗的,正统的:~系|~派|~传。

蒂 dì ①名 花或瓜果与枝茎相连的部分:并~莲|瓜熟~落|根深~固。②名 比喻内心的疙瘩:芥~。

※统读 dì,不读 tì。

缔 dì ①动 结合,订立:~结|~交|~约|~结协定。②动 创立,组织:~造。

※统读 dì,不读 tì。

掂 diān ①动 用手托着东西估量轻重:~一~分量|~~斤两。②动

思考,斟酌:你~掇着办吧。

碘 diǎn 名 非金属元素,符号 I。紫黑色结晶体,有金属光泽,易溶于酒精,可制药物、颜料和照相材料等。人体缺碘会引起甲状腺肿大。

佃 diàn 动 租地耕种:~户|~农|租~|退~。

玷 diàn ①名 白玉上的斑点:白圭之~。②名 比喻人的缺点、污点:终身之~。③动 污损,使有污点:~污|~辱。

淀¹ diàn 名 浅水湖泊,多用于地名:湖~|海~(在北京市)|白洋~(在河北省)。

淀² diàn 动 液体里没有溶解的物质沉到液体底层:沉~|~粉。

惦 diàn 动 思念,挂念:~念|~记|心里老是~着。

刁 diāo ①动 狡猾,奸诈:~棍|这人真~|~钻古怪|耍~|放~。②[刁斗]diāodǒu 名 古代军中使用的一种有柄的小斗,作烧饭用,夜间可敲击巡更。③(Diāo)名 姓。

碉 diāo 名 军事上用于防守的建筑物:~堡|~楼|明~暗堡。

谍 dié ①动 秘密刺探敌方或别国情报:~报。②名 从事秘密刺探情报的人:间~。

锭 dìng ①名 旧时作货币用的浇铸成形的金块、银块:金~|银~。②名 做成块状的金属或药物等:钢~|铝

锭 ~|至宝~(中成药名)。③名锭子:纺车或纺纱机上绕纱的机件:纱~。④量用于锭状形的东西:一~银子|半锭墨。

董 dǒng ①动监督管理:~理|~事。②名监督管理的人:~事|校~|商~(董事会成员的简称)。③(Dǒng)名姓。

栋 dòng ①名房屋的正梁:雕梁画~。②名比喻能担负重大责任的人:~梁之材。③名指房屋:汗牛充~。④量房屋一座叫一栋:一~房子|两~楼。

痘 dòu ①名俗名天花。一种急性传染病。病状是先发高烧,全身出红色丘疹,最后变成脓包,中心凹陷,结痂脱落后的疤痕就是麻子。②名指牛痘疫苗,从牛犊身上取出,移种于人体,可以预防天花:种~。

牍 dú ①名古人写字用的木制书板:连篇累~。②名泛指文书,书信:文~|案~|尺~(书信,古代书简约长一尺)。

赌 dǔ ①动用财物作赌注争输赢:~博|~局|~棍|聚~。②动泛指比胜负:打个~。

缎 duàn 名缎子,一种质地厚密、正面平滑而富有光泽的丝织品:绸~|锦~|~带。

兑¹ duì 名八卦之一,卦形为三,代表沼泽。

兑² duì ①动交换,换取,特指凭票据支付或领取现款:~款|现~换。②动象棋中,指用自己的棋子换掉对方相同的棋子:~车|~炮|~马。③动掺和;往酒里~水。

敦 dūn ①形忠厚,诚恳:厚~|~请|~聘。②动督促:~促|~迫。

墩 dūn ①名土堆:土~|沙~|垒土为~。②名厚实而粗大的东西(指石块、木头或建筑物基础等):石~|木~|树~|肉~|子桥~。③名形状像墩子的坐具:绣~|蒲~|坐~。④量用于丛生的或几棵合在一起的植物:一~草|一~荆条。

盹 dǔn 名闭着眼睛小睡,很短时间的睡眠:课间十分钟,打了个~儿。

盾¹ dùn ①名古代打仗用来抵挡刀箭的防护武器:矛~|~牌。②名形状像盾的东西:金~|银~。③名比喻支援的力量:后~。

盾² dùn 名荷兰的旧本位货币,越南、印度尼西亚等国的本位货币。

囤 dùn 名用竹篾、荆条等编成或用席箔(bó)等围成的储存粮食的器物:粮~|~尖儿|~底儿。
另见 tún。

钝 dùn ①形不锋利,不快:这把刀真~。②形笨拙,不灵敏:迟~|愚~|鲁~。

哆 duō [哆嗦]duō·suo 动发抖,打颤:冻得浑身打~。

度 duó 动 推测,估计:揣~|测~|~德量力|以己~人|审时~势。

另见 dù(小学)。

踱 duó 动 慢慢地走动:~方步|~来~去。

※统读 duó,不读 dù。

垛 duǒ 名 垛子,墙头或墙两侧凸出的部分:城~子|门~子|上城守~。

另见 duò。

惰 duò ①形 懒,不努力,跟"勤"相反:懒~|息~。②形 不易变化:~性。

驮 duò [驮子]duò·zi① 名 牲口背上负载的货物:~太重,小毛驴驮(tuó)不动。② 量 用于牲口所载货物:五~货。

另见 tuó。

垛 duò ①动 整整齐齐地堆起来:把柴火~起来|麦草~得像小山包。② 名 整齐的堆成的堆:草~|麦~。③ 量 用于堆积成堆的东西:一~柴火|两~砖。

另见 duǒ。

舵 duò ①名 专指船只控制航行方向的装置:掌~|把~|~工|~手。②名 泛指一切机械交通工具控制方向的装置:升降~|盘~|~轮。

堕 duò 动 落,掉下:~地|~马|~入深渊。

跺 duò 动 顿脚,用脚使劲踏地:~地|他气得直~脚。

E

阿¹ ē ①动 曲从,迎合,偏袒:~谀|~附(逢迎,附和)|刚正不~|~其所好。② 名 山的转弯处:山~。③(Ē) 名 姓。

阿² ē 名 山东东阿:~胶(一种药,原产东阿)。

阿³ ē 音译用字,用于"阿弥陀佛"(佛教指西方极乐世界中最大的佛。信佛的人用做口头诵念的佛号,表示祷或感谢神灵等意思)。

另见 ā(小学)。

蛾 é 名 蛾子,昆虫,腹部短而粗,有四个带鳞片的翅膀。种类很多,有螟蛾、麦蛾、菜蛾等。幼虫一般称为毛虫。多数为农林害虫。

另见 yǐ。

讹¹ é 形 不真实,谬误:~字|~误|~谬|~传|以~传~。

讹² é 动 用威胁手段敲诈财物:~诈|~人|~了一笔钱。

扼 è ①动 用力掐住,抓住:~死|~杀|~要(抓住要点)。②动 把守,控制:~守|~制。

遏 è 动 阻止,禁止:~止|~制|~抑|怒不可~。

愕 è [形]惊讶,发愣:~然|~视|惊~|先生且喜且~。(《中山狼传》)

噩 è [形]令人惊恐、惊吓的:~耗(指亲近或敬爱的人死亡的消息。)|~梦(可怕的梦)。

鳄 è [名]鳄鱼。爬行动物,头和躯干扁平,尾长。全身有硬质皮和角质鳞。四肢短,善于爬行和游泳。性凶暴,捕食动物,多分布在热带和亚热带的江河湖泽中。在我国产有扬子鳄。

饵 ěr ①[名]糕饼:饼~|果~。②[名]引鱼上钩或诱捕其他动物的食物,用来引诱人的东西:鱼~|钓~|诱~。③[动]引诱,利诱:~以重利|~敌深入。

贰 èr ①[数]数字"二"的大写。②[动]变节,背叛:~臣。

F

矾 fán [名]指某些金属硫酸盐的含水结晶,又名矾石。有白、青、黄、黑、绛等颜色。最常见的是明矾,可供制革、造纸及制造颜料、染料之用。

樊 fán ①[名]篱笆:~篱。②[名]关鸟兽的笼子:~笼。③(Fán) [名]姓。

贩 fàn ①[动]将货物买进再卖出:~卖|~运|~私|~毒。②[名]贩卖货物的人:小~|商~|摊~|牲口~子。

芳 fāng ①[形]香(多指花草的):~香|~草|芬~。②[形]比喻好的德行或名声:~名|~心|千古流~|垂~后世。

肪 fáng [脂肪]zhīfáng,见"脂"。

菲¹ fēi [形]草木茂盛,香味浓郁:芬~|~~。

菲² fēi [名]指一种碳氢化合物,无色晶体,可用来制造染料等。
另见 fěi。

啡 fēi 音译用字,用于"咖啡"(kāfēi,见"咖")"吗啡"(mǎfēi,见"吗")。

诽 fěi [动]无中生有地说别人坏话,败坏别人名誉:~谤。

菲 fěi [名]轻微,微薄:~礼|~材|~酌|待遇~薄。
另见 fēi。

吠 fèi [动]狗叫:犬~|狂~|鸡鸣狗~|蜀犬~日。

氛 fēn ①[名]周围的情景,情调:气~|~围。②[名]云气,特指凶气:恶~|战~|妖~。

坟 fén [名]高出地面的土堆,特指在埋葬死人的墓穴上面筑起的坟堆:~墓|~茔(yíng)|~地|上~。

焚 fén [动]烧:~烧|~毁|~香|心急如~|玉石俱~。

粪 fèn ①[名]人或禽、畜的屎:~便|牛~|马~|鸟~|~坑。②[动]施肥:~田|~地|厚加~埌。

忿 fèn 动 愤怒,怨恨:~怒|~恨|~然作色|~恚(huì)。

冯 Féng 名 姓。
另见 píng。

麸 fū 名 麸子。也叫麸皮。指小麦磨成面粉筛过后剩下的麦皮和碎屑。

孵 fū 动 禽鸟伏在卵上,用体温使卵内胚胎发育成幼雏:~化|~育|~小鸡。

敷 fū ①动 铺设,布置:~席|陈|~设管道。②动 搽,涂:~粉|~药|外~。③充足,足够:入不~出|不~应用。

俘 fú ①动 打仗时捉住敌人:~获大批敌军。②名 打仗时被捉的人:战~|遣~|被~|当~|虏。

凫 fú ①名 俗称"野鸭",水鸟,既能游水,又能飞。多群栖于湖泊中。②动 同"浮",在水上游动:~水(游泳)。

芙 fú [芙蓉]fúróng ①名 荷花的别名:出水~。②名 落叶灌木,花有红、白等色,可供观赏。为别于荷花,也叫"木芙蓉"。

袱 fú ①名 包裹,覆盖用的布单。②[包袱]bāo·fu a. 名 用方形的布包成的包裹:一个白~|~皮儿。b. 名 比喻思想上的负担:思想~|放下~|思想上不要背~。

辐 fú 名 车轮上连接车辋(wǎng)和车毂(gǔ)的一条条直棍儿:~条|~辏(~còu,车辐聚于车毂,比喻人或物聚集)|~射。

蝠 fú [蝙蝠]biānfú,见"蝙"。

俯 fǔ ①动 低头,向前屈身,跟"仰"相对:~仰之间|~首帖耳|~拾是。②动 向下:~视|~卧|~冲。③副 敬辞,用于对方对自己的动作:~就|~允|~念|~察。

辅 fǔ ①动 从旁帮助,辅助:~导|~助|相~相成。②名 古代指国都附近的地方:畿~。

服 fù 量 用于中药,剂:吃两~中药。
另见 fú(小学)。

傅¹ fù ①动 辅助,教导。②名 教导人的人:师~。

傅² fù ①动 依附,附着:皮之不存,毛将安~?②使附着,涂抹:~粉。

赋¹ fù 名 旧指田地税:~税|田~|地~。

赋² fù ①动 交给,给予:~予重要任务。②名 人的天性,自然具有的资质:禀~|天~。

赋³ fù ①名 古典文学的一种文体,介于韵文和散文之间,用韵,但句式类似散文,盛行于汉魏六朝:汉~|辞~|吟诗作~。②动 写作诗、词:诗一首|登高~诗。

缚 fù 动 捆绑:束~|手无~鸡之力|作茧自~。

G

夹 gā [夹肢窝]gā·zhiwō 名 腋窝，也作胳肢窝。
另见 jiā(小学)，jiá(小学)。

咖 gā 音译用字，用于"咖喱"（用胡椒、姜黄、茴香等香料制成的黄色粉状调味品）。
另见 kā。

轧 gá 动 方言义，挤：人~人。
另见 yà(小学)，zhá。

改 gǎi ①动 变更，更换：~变｜~换｜~革｜更~。②动 修改，改动：写｜~小｜~稿子。③动 改正：~过｜邪归正｜把毛病~掉。

丐 gài ①名 讨饭的人：乞~｜~头。②动 乞求，乞讨：~贷｜~食。
※"丐"和"丏"(miǎn)的形、音、义都不同。

芥 gài [芥蓝菜]gàiláncài 名 草本植物，茎粗壮直立，分枝多，叶短而宽。茎、叶可食用，是普通蔬菜。
另见 jiè。

钙 gài 名 金属元素，符号 Ca。银白色晶体。动物的骨骼、蛤壳、蛋壳都含有碳酸钙和磷酸钙。它的化合物在工业、建筑、医药上用途很广。人体缺钙会引起佝偻病、手足抽搐等。

肝 gān 名 人和脊椎动物所特有的消化器官。人的肝脏位于腹腔的右上方，分左右两叶。有合成与贮存养料、分泌肝汁等功能，还有解毒和凝血等作用。也叫肝脏。

柑 gān 名 常绿灌木或小乔木，开白花，果实扁圆球形，汁多味甜，可食用。果皮、核、叶可入药：~橘｜蜜~｜广~。

橄 gǎn [橄榄]gǎnlǎn 名 常绿乔木，花白色，果实绿色，椭圆形，可吃，味酸涩而清香，种子叫榄仁可榨油，树脂供药用。也叫青果。

扛 gāng 动 用双手举起重物：力能~鼎。
另见 káng(小学)。

肛 gāng 名 肛门，直肠末端的口儿：脱~｜~裂。

杠 gàng ①名 较粗的棍子：竹~｜木~｜铁~。②名 体育器械：单~｜双~｜单双~。③名 机床上棍状零件：丝~。④名 作为标记所画的粗直线：语文老师在病句下面画了一道红~。⑤动 在批改的文字上画一道粗线：把要删去的字~掉。

钢 gàng ①动 把刀放在布、皮、石头或缸沿儿上磨几下，使刀锋利：刀该~一~。②动 为钝刀回火加钢，使锋利：刀钝了，要~一~。
另见 gāng(小学)。

膏 gāo ①名 肥肉，油脂：~梁（泛指美食）｜民脂民~｜焚~继晷(guǐ)。②名 浓稠的糊状物：牙~｜梨~｜药~。

③名用油脂配合其他原料制成的化妆品：雪花~｜洗发~。

另见 gào。

镐 gǎo 名刨土用的工具：一把十字~｜鹤嘴~。

另见 hào。

膏 gào ①动滋润。②动把润滑油加在车轴或机械上：~车｜~点儿油。③动毛笔蘸上墨后在砚台边上捺匀：~笔。

另见 gāo。

鸽 gē 名鸽子，鸟名，包括原鸽、岩鸽、家鸽等。家鸽翅膀大，善飞，有的经训练可作信鸽，用来传递信息物。

疙 gē [疙瘩]gē·da①名皮肤上突起的或肌肉上结成的小硬块：起了一身~｜鸡皮~。②名球形或块状的东西：面~｜冰~｜树~。③名比喻郁结在心里的苦闷或解决不了的难题：心里有个~｜思想~。

蛤 gé ①名蛤蜊、文蛤等瓣鳃类软体动物的统称。贝壳卵圆形或略带三角形或长圆形。生活在浅海泥沙中。②[蛤蚧]géjiè 名爬行动物。形状像壁虎而较大，背紫灰色，有赤色斑点，生活在岩洞、树洞内或墙壁上，夜间出来捕食昆虫、小鸟、蛇类等。可供药用。

另见 há。

合 gě ①名旧时量粮食的器具，多用木头或竹筒制成方形或圆筒形。②量市制容量单位，10勺为1合，10合为1升。

另见 hé(小学)。

盖 Gě 名姓。

另见 gài(小学)。

耕 gēng ①动用犁翻地松土，以备播种：~地｜~种｜中~｜精~细作。②动比喻从事于某种事业：笔~｜舌耕(旧时指以教学为生)。

羹 gēng 名本指五味调和的浓汤，现泛指蒸成或煮成浓汁状、糊状食品：菜~｜肉~｜豆腐~｜莲子~｜银耳~。

颈 gěng [脖颈子]bógěng·zi 名颈项，脖子的后部，亦指器物像颈的部分：瓶~。

埂 gěng ①名用泥土筑成的堤防：堤~｜~堰。②名田地里稍稍高起的分界线，似田边小路：田~｜地~子。③名高于四周的长条形的地方：山~｜土~。

耿 gěng ①形正直：~直｜~介。②(Gěng)名姓。

梗 gěng ①名草本植物的茎或枝：花~儿｜高粱~儿。②动挺着，直着：~着脖子。③形正直：~直(现在写作"耿直")。④动阻塞，阻碍：~塞｜从中作~。

恭 gōng 形对尊长、宾客恭敬、敬重：~候｜~敬｜谦~｜~维｜洗耳~听。

躬 gōng ①名身体，也指自身：鞠~。②副表示动作行为是由施事者自己发出的，引申为自身、亲自：~

行|~耕|~逢其事|事必~亲。③动弯身下去:~身下拜。

蚣 gōng　[蜈蚣]wúgōng,见"蜈"。

巩 gǒng　①形牢固,坚固:~固。②动用皮革束物。③(Gǒng)名姓。

汞 gǒng　名金属元素,符号Hg。通称水银。银白色液体,能溶解多种金属而成为液态或固态的合金。可用来制镜子、温度计、血压计、水银灯、药品等。

勾¹ gōu　①动删除,取消:一笔~销|~掉这笔账|用钩形符号把这段话~掉。②动描画出图像的轮廓:~画|~绘|~描|~勒|~脸。③动用石灰、水泥等涂抹砖石建筑的缝隙:~缝。④动招引,引出:~起对往事的回忆。|~起了旧病。⑤动结合,串通:~结|~通|~搭|~引。⑥(Gōu)名姓。

另见gòu。

勾² gōu　名中国古代称不等腰直角三角形中较短的直角边:~股弦。

另见gòu。

勾 gòu　[勾当]gòu·dàng 名行为;事情(多指不好的):卑鄙~。

另见gōu。

垢 gòu　①名污秽的、脏的东西:污~|油~|牙~|藏~纳污。②形肮脏,不干净:蓬头~面。③名耻辱:含~忍辱。

辜 gū　①名罪,罪过:无~|死有余~(死仍不能抵罪恶)。②[辜负]gūfù 动对不起别人的帮助或期望:~了人家的一番好意|~了老师的期望。③(Gū)名姓。

沽¹ gū　①动买:~酒|~名钓誉。②动卖:待价而~(等到好价钱再卖)。

沽² Gū　名天津的别称。

菇 gū　名真菌的一类:蘑~|草~|冬~。

箍 gū　①动用竹篾、金属圈或带子等勒紧或套紧:~木桶|~紧安全带|头上~着白毛巾。②名束紧器物的圈:铁~|金~圈|孙悟空头上有个金~。

贾 gǔ　①名旧指商人:~人|侩~|客富商大~。②动做买卖:多财善~。③动招致:~祸|~害。④动卖:余勇可~。

另见jiǎ。

寡 guǎ　①形少,跟多、众相对:~不敌众|敌众我~|沉默~言|~廉鲜耻。②动妇女死了丈夫:~妇|守~。③形没有味道:~淡|清汤~水。④名古代王侯的自称,表示寡德:~人|称孤道~。

卦 guà　①名古代用来占卜的符号,以阳爻(—)、阴爻(— —)相配,共组成八个单卦,八卦互相配搭,又演为

六十四卦:八~|~辞。②名泛指其他预测吉凶的行为:用骨牌打了一~|用扑克牌算~。

逛 guàng 动游览,闲游:游~|~公园|~庙会|~书店|东游西~。

闺 guī ①名上圆下方的小门。②名内室,内宅,旧时特指女子的卧室:深~|香~|待字~中。

硅 guī 名非金属元素,符号Si。灰色无定形的固体或晶体,有光泽。高纯度的硅是重要的半导体材料,硅酸盐是制造水泥、玻璃的重要原料之一。可用来制造硅钢。旧名"矽(xī)"。

瑰¹ guī 形珍贵,奇特:~丽|~异|~宝。

瑰² guī [玫瑰]méiguī,见"玫"。
※瑰不读guì。

诡 guǐ ①形狡诈,虚伪:~秘|~诈|~计多端|~辩。②形奇特,怪异:~怪|~异|~秘。③形不合常理,不合正道的:~辩|~辞。

刽 guì ①动砍断,剖开。[刽子手]guì·zishǒu 名旧时指直接执行死刑的人,后用来喻指镇压革命、屠杀人民的凶手。
※不读kuài。

郭 guō ①名外城,古代城墙以外加筑的一道城墙:城~|门~|爷娘闻女来,出郭相扶将。(《木兰诗》)②物体的外框或外壳:耳~。③(Guō)名姓。

涡 Guō 名涡河,水名,发源于河南,流经安徽入淮河。

另见wō。

H

蛤 há [蛤蟆]há·ma 名青蛙和蟾蜍的统称。
另见gé。

哈 hǎ [哈达]hǎdá 名藏族和部分蒙古族人民表示敬意或祝贺用的长条丝巾或纱巾,多为白色:献~。
另见hā(小学),hà。

哈 hà [哈什蚂]hà·shimǎ 名中国林蛙。蛤蟆的一个品种,产于我国东北及内蒙古等地。腹内有脂肪状的东西,用于保护卵子,叫哈士蟆油,中医入药,有滋补作用。
另见hā(小学),hǎ。

咳 hāi ①叹表示惊异、伤感、叹息:~,真没想到|~,我真糊涂。②叹表示招呼或提醒:~,你到哪儿去?|~,别忘了那话。
另见ké。

亥 hài ①名地支的第十二位。与天干相配,用来纪年:癸~年|辛~革命。②名十二时辰之一,即21时至23时。③名十二生肖之一,亥为猪。

骇 hài 动害怕,吃惊:惊~|~然|~人听闻|惊涛~浪。

酣 hān ①形饮酒尽兴:~饮|酒~耳热|秦王饮酒~。(《廉颇蔺相如

列传》)②形泛指尽兴,畅快:~畅|~笑|~睡。③形剧烈:~战|万马战犹~。

憨 hān ①形傻,痴呆:~笑|~痴|这人有点~。②形朴实:~厚|~直(朴实直爽)。

函 hán ①名封套,匣子:~套|书~|剑~|镜~。②名信件,信封:来~|公~|~件|~购|~授。③名指函谷关:殽~之战。

涵 hán ①动包含,包容:包~|~养|海~|~蕴。②名指涵洞,公路或铁路与沟堤相交处,使水从路基下通过的管或洞:桥~|~洞|~闸。

韩 Hán ①名古国名,战国七雄之一,在今山西省东南及河南省中部一带。②名姓。

罕 hǎn 形稀少:~见|~有|~闻|人迹~至|稀~。

捍 hàn 动保卫,抵御:~卫|~御。

悍 hàn ①形勇猛,干练:强~|剽~|短小精~|~将。②形凶暴,蛮横:凶~|~蛮|~然|~妇|刁~。

焊 hàn 动用熔化的金属填充、连接、黏合或修补金属器物:~接|铁壶~|电~|~得很结实。

翰 hàn 名指羽毛,或长而硬的鸟羽。古代用羽毛制笔,因以称毛笔、文章、书信等:~墨|~池|~文|~华|~挥~。

憾 hàn 动不够完满,令人失望,感到不满足:缺~|遗~|千古~事|引以为~。

夯 hāng ①名砸实地基的工具:木~|铁~|石~|蛤蟆~。②动用夯砸:~地|把地基~结实。

吭 háng 名喉咙,嗓子:引~高歌。
另见 kēng。

巷 hàng [巷道]hàngdào 名采矿或探矿时在地下挖的坑道。
另见 xiàng。

蒿 hāo 名蒿子,通常指花小,叶子作羽状分裂,并有某种特殊气味的菊科蒿属植物。常见的有青蒿、白蒿、萎蒿、艾蒿、茵陈蒿等。有的嫩茎可做蔬菜,有的可以驱蚊、做药材。

嚎 háo ①动指动物大声叫:狼~|~叫|一声长~。②动同号,大声哭喊:~啕大哭|绝望地哀~。

镐 Hào 名指周朝初年的国都,在今陕西西安西南。
另见 gǎo。

呵¹ hē 动大声斥责:~斥|~责。

呵² hē ①动张嘴出气,呼气:~了一口气|~一~手|一气~成。②叹表示惊讶,同"嗬":~,真棒|~,真了不起。
另见 kē。

吓 hè ①动表示不满意,认为不该如此:~,两个人才弄来半桶水|~,连话都不敢说了。②动用威胁的

话或手段要挟,吓唬:恐~|恫(dòng)~。

另见xià(小学)。

和 hè ①动 声音相应,和谐地跟着唱:一唱百~|曲高~寡|阳春之曲,~者必寡。②动 响应,附会,跟着别人说:随声附~|应~|吾居九泉之下遥闻汝哭声,当哭相~也。(《与妻书》)③动 以诗歌酬答,或依照别人的诗题、格律、题材和体裁做诗词:唱~|奉~|~韵|步原韵~诗一首。

另见hé(小学),hú,huó,huò。

荷 hè ①动 背,扛:~枪实弹|戴月~锄归。②动 担负,承担:~重|肩~重担|~天下之重任。③动 承蒙,承受恩惠(多用于书信):感~|拜~|无任感~|切望来会是~。④名 指电荷:正~|负~。

另见hé(小学)。

赫¹ hè ①形 显著,显耀:显~|然|~~有名。②形 鲜红颜色:~日当空。

赫² hè [赫哲族]Hèzhézú 名 我国少数民族之一,分布在黑龙江。

赫³ hè 量 赫兹的简称。赫兹频率单位,每秒钟振动一次为一赫,这个名称是为纪念德国物理学家赫兹而定的:千~|兆~。

嘿 hēi ①叹 a.表示招呼或提起注意:~,注意脚下有坑|~,你到哪儿去? b.表示得意或赞叹:~,又得了个头奖|~,考了个一百分。c.表示惊诧:~,好大的雪啊! ②拟声 形容笑声(多叠用):~~笑了两声|~~地傻笑。

另见mò。

哼 hēng ①拟声 鼻子里发出的声音:~唧唧。②动 呻吟:疼得直~。③动 低声吟唱:嘴里~着小调。

另见hng。

横 hèng ①形 粗暴,不讲道理:蛮~|强~|~暴。②形 意外的,不吉利的:~财|~祸|~死。

另见héng(小学)。

哼 hng ①叹 表示不满,鄙视。②叹 表示威胁。

另见hēng。

宏 hóng ①形 广大:~大|~伟|~图|~论|~壮|~观。②动 发扬,使宏大:~扬。③(Hóng)名 姓。

侯 hóu ①名 中国古代五种爵位(公、侯、伯、子、男)的第二位:~王|公~|封~|~王~将相宁有种乎!(《陈涉世家》)②名 泛指封国的国君或达官贵人:诸~|~王|~门公府|~门深似海。③(Hóu)名 姓。

另见hòu。

侯 hòu [闽侯]Mǐnhòu 名 地名,在福建。

另见hóu。

戏 hū [於戏]wūhū 叹 同"呜呼"。

另见xì(小学)。

和 hú 动 打麻将或斗纸牌时,某一方达到规定的要求取胜:诈~。

另见 hé(小学),huó,huò。

核 hú [核儿]húr 义同核(hé),果实中心包含果仁的坚硬部分,用于口语:梨~|煤~|枣~。

另见 hé(小学)。

弧 hú ①名木制的弓:桑~|桃~。②名圆周或曲线(如抛物线)上的任意一段:圆~|~形|~线|~度。

唬 hǔ 动虚张声势吓人或欺蒙人:吓~|别再~人了|把他给~住了。

糊 hù 名像稠粥一样的浓汁:玉米~|芝麻~|辣椒~。

另见 hū,hú(小学)。

沪 Hù 名上海的别称:~剧。

患 huàn ①动担忧,忧虑:忧~|~得~失|欲加之罪,何~无辞? ②名灾难,祸害:水~|祸~|隐~|防患未然|养痈遗~。③名疾病,弊病:疾~|~染~身亡|不察之~。④动生病,害病:~病|~疟疾|~重病。

宦 huàn ①动做官:仕~|游~途。②名旧时对官吏的统称:官~|显~|乡~|~海沉浮。③名旧指太监,经阉(yān)割后在皇宫里伺候皇帝及其家族的男人:~官|~阉|~竖。④(Huàn)名姓。

涣 huàn 动消,散:散~|~然冰释。

焕 huàn 形鲜明,光亮:~然一新|精神~发|容光~发。

痪 huàn [瘫痪]tānhuàn 见"瘫"。

惶 huáng 形害怕,惊慌:~恐|惊~|~~不安|~惑。

蝗 huáng 名昆虫,身体细长,绿色或黄褐色,善于飞行和跳跃。它是危害稻麦、玉米等禾本科植物的主要害虫。种类很多,有棉蝗、竹蝗,飞蝗,稻蝗等,通称"蝗虫"。

磺 huáng 名硫黄旧也作硫磺:硝~(硝石和硫黄)。

恍 huǎng ①形模糊,不清楚:~惚。②副仿佛,如同:~若天仙|~如隔世。③形忽然醒悟的样子:~然大悟。

幌 huǎng ①名布幔,窗帘:窗~。②名幌子,也叫望子,挂在店铺门外表明所卖商品的布帘或其他标志:酒~|布~。③名比喻装点门面或进行某种活动假借的名义:打着专家的~子卖药骗钱。

茴 huí [茴香]huíxiāng 名多年生草本植物,有特殊香味,嫩的茎、叶可以做菜,叫小茴香。果实呈长椭圆形,可以做调味香料,也可以做药材。

蛔 huí [蛔虫]huíchóng 名寄生虫,白色或米黄色,体长圆柱形,形状像蚯蚓。成虫寄生在人和某些家畜的小肠内,卵随粪便排出体外,在泥土中发育,附在蔬菜上或水中,被人畜吞入后,在体内发育为成虫,吸取养料,分泌毒素,引起疾病。

贿 huì ①动用财物买通别人替自己干不合法的事：～选｜～赂主管人员替自己做事。②名用来买通别人的财物：受～｜纳～。

惠 huì ①名好处：恩～｜实～｜小～未遍，民弗从也。《曹刿论战》②动给别人好处：平等互～。③副敬辞，用于对方对自己的行动：～存｜～顾｜～临。④形仁慈仁爱：仁～｜昊天不～。⑤形温和，柔顺：风和畅｜贤～。⑥(Huì)名姓。

讳 huì ①动有所顾忌而不敢说或不愿说：直言不～｜～疾忌医｜忌～｜隐～。②名忌讳的事物：犯了他的～了。③名旧时指死去的帝王或尊长的名字：太祖武皇帝，沛国谯人也，姓曹，～操。

晦 huì ①名农历每月最后的一天：～朔(～shuò,朔指每月初一日)。②形昏暗，不明显：～暗｜～冥｜隐～｜～涩。③名黑夜：～明(黑夜和白昼)｜风雨如～。④动隐藏：韬～。

秽 huì ①形肮脏，不干净：污～｜～土｜～物｜～气。②形淫乱的，下流的：～行｜～语｜～闻｜淫～亵。③形丑恶：～行｜～迹｜自惭形～。

溃 huì 动溃(kuì)烂(指疮口或伤口)：～脓。

另见 kuì。

婚 hūn ①动结婚，男女结成夫妻：未～｜已～｜新～｜晚～｜礼～｜期。②名婚姻，因结婚而产生的夫妻关系：～约｜离～。

荤 hūn ①名肉类食物，跟"素"相对：吃～｜～腥｜开～｜～油｜～菜。②名指葱、蒜、韭等有特殊气味的蔬菜：不饮酒不茹～。

混 hùn ①动掺和，掺杂在一起：～杂｜～乱｜～合｜～同｜～为一谈｜～成一片。②动冒充，真假掺杂：鱼目～珠｜～入会场。③形不洁净：～浊。④动相处往来：俩人～熟了｜跟坏人～在一起。⑤动苟且度日，得过且过：胡～｜～日子｜～饭吃｜～不下去了。

另见 hún(小学)。

豁 huō ①动裂开，残缺：～口｜～嘴｜衣服～了一个口子。②动拼，舍弃：～出性命｜～出去了｜～出时间。

另见 huò。

和 huó 动在粉状物中加水搅拌或揉弄，使粘在一起：～面｜～泥｜沙子灰。

另见 hé, hè, hú, huò。

和¹ huò 动把粉状物等混合起来，加水搅拌使变稀：搀～｜搅～｜一点芝麻酱｜把两种药面～在一起。

和² huò 量用于洗衣物换水或中药煎药的次数：衣服洗了两～｜一剂汤药应该煎两～。

另见 hé(小学), hè, hú, huò。

祸 huò ①名祸事，灾害，跟"福"相对：～害｜～根｜～首｜车～｜不单

行|~从口出。②[动]损害,使受害:~国殃民。

霍 huò ①[副]散得很快,迅速:~然云消|~地站起来|挥~。②[拟声]形容磨刀的声音:磨刀~~向猪羊。(《木兰诗》)③[名]霍乱,一种急性肠道传染病。④(Huò)[名]姓。

豁 huò ①[名]通畅宽敞的山谷。②[形]开朗,大度:~然开朗|~达大度|心胸~落。③[动]排遣,免除:~免|~除。

另见 huō。

J

奇 jī ①[形]独一、单的,与"偶"相对:~数|~偶|~货可居。②[名]余数,零头:~零|身长六尺有~。

另见 qí(小学)。

叽 jī [叽叽][拟声]形容小鸡、小鸟的叫声:小鸟~~地叫。

唧 jī ①[动]喷射(液体):用~筒水。②[唧唧][拟声]形容虫、鸟的叫声:秋虫~~|小鸟~~喳喳。

畸 jī ①[形]不规则的,不正常的:~形|~变。②[名]数目的零头,余数:~零。③[形]偏:~轻~重。

稽¹ jī ①[动]停留,延迟:~延|~迟|~留|~滞|令出而不~。②(Jī)[名]姓。

稽² jī ①[动]考核,计数:~古|~验|无~之谈|有案可~。②[动]计较,争论:无以此为~|反唇相~(后来讹变作"反唇相讥")。

另见 qǐ。

棘 jí ①[名]酸枣树,落叶灌木,茎上有刺,开黄绿色小花,种子可做药:园有~。②[名]泛指有芒刺的草木:披荆斩~|荆~丛生。③[动]刺,草木刺人:~手(比喻事情艰难,不好办)。

※"棘"的"朿"中间不封口。

辑 jí ①[动]搜集材料,作系统的整理、编选、加工:编~|~录。②[名]以某项内容为中心而编辑的一期刊物、一组文章或单册书:专~|特~。③[名]整套丛书的一部分:这套丛书出五~|丛书第三~。

纪 Jǐ [名]姓。

另见 jì(小学)。

给 jǐ ①[形]指食用丰足,富裕:~富|~足|不~|家人足。②[动]供,供应:补~|供~|~养|配~。③[动]予:~予帮助|赐~|~予(只能用在复合词或成语中)。

另见 gěi(小学)。

脊 jǐ ①[名]人和脊椎动物背部中间的一列骨骼,脊椎骨:~椎|~柱|~背|~髓|~神经。②[名]物体中间高起的部分:山~|书~。

妓 jì ①[名]古代指专门从事歌舞杂技表演的女艺人:乐~|歌~|舞

~|绳~。②名指卖淫的女子：~女|娼~|~院。

剂 jì ①动配制、调和：调~。②名制剂，配制、调和而成的药：杀虫~|催化~|防腐~|溶~。③量用于药剂的计量单位：一~汤药|只服两三~。④名指剂子：面~儿。

荠 jì 名荠菜，一年或多年生草本植物，花白色，嫩茎、叶可食用，全草可入药，有利尿、解热和止血等作用。

另见 qí。

鲫 jì 名鱼名。鱼纲，鲤科，鲫属鱼的统称。体侧扁，头部尖，尾部窄，中部高形似鲤，比鲤小，背面青褐色，腹面银灰色，生活在淡水中。变种金鱼，具有较高的观赏价值。

茄 jiā ①音译用字，用于"雪茄"(用烟叶卷成的烟，比纸烟粗而长)、茄克(一种下口收拢的短外套)。②名指荷花的茎。

另见 qié(小学)。

枷 jiā ①[连枷]名农具名，打麦子、谷子等用。②名古代加在犯人颈脖上的刑具：~锁|木~|披~带锁。

颊 jiá 名人的脸的两旁，俗称脸蛋儿：面~|双~|~肌明洁。

贾 jiǎ 名姓。

另见 gǔ。

钾 jiǎ 名金属元素，符号 K。银白色，质软，比水轻。化学性质极活泼，在空气中易氧化，遇水放出氢气，并能引起爆炸。钾的化合物用途很广，钾肥是极重要的肥料。

嫁 jià ①动女子结婚，跟"娶"相对：出~|~女儿|~人|~娶。②动把祸害、损失、罪名等推给别人，转移：转~|~祸于人|转~危机。

奸¹ jiān ①形狡诈，邪恶：~猾|~诈|~藏|耍滑|~计|~笑。②名狡诈、邪恶的人：权~。③名叛国的人：~细|汉~|~锄。④名不忠的人：~臣|~贼。⑤形虚伪自私：这个人真~，一毛不拔。

奸² jiān 动男女间发生不正当的性行为：通~|强~|~污|~淫。

兼 jiān ①动同时涉及具有两件或两件以上的行为或事物：~顾|~职|~收并蓄|~听则明。②动吞并，合并：~并土地|地数万亩。③形倍,加倍：~程(一天赶两天的路，以加倍的速度赶路)|~旬(两旬，二十天)。

煎 jiān ①动烹调方法，把食物放在少量的油里炸到表面变黄：~鱼|~鸡蛋。②动用水煮熬：~药|~汤。③量用于中药煎熬的次数：头~|二~。

柬 jiǎn 名信件、请帖等的总称：书~|请~|~帖。

碱 jiǎn ①名含氢氧根的化合物的统称。有涩味，能同酸中和形成盐。②名纯碱的通称，即碳酸钠。可用来中和面里的酸味或洗衣服,去油腻。③动受到盐碱的侵蚀：墙根已经

~了|这块地已经~了。

践 jiàn ①动踩,踏:~踏。②动实行,履行:实~|~约。

鉴 jiàn ①名古代用铜铸的镜子:铜~|~宝。②动仔细观察、审视:~别|~赏|~定。③动照见,映照:水清可~|光可~人。④名可以警惕或引为教训的事:~戒|借~|引以为~|前车之~。⑤动旧式书信用的客套话,用在书信的开头,表示请人看信:大~|台~|钧~|惠~|尊~。

涧 jiàn 名两山间的水沟:山~|溪~。

姜¹ Jiāng 名姓。

姜² jiāng 名多年生草本植物。地下根状茎肥大,呈不规则块状,灰白或黄色,有辛辣味,可做调味品,也可做药材。

缰 jiāng 名缰绳,牵或拴牲口的绳子:马~绳|马脱~了。
※统读 jiāng,不读 gāng。

蒋 Jiǎng 名姓。

虹 jiàng 名义同"虹"(hóng),只限于单用,不用于复合词:天上出~了。
另见 hóng(小学)。

强 jiàng 形强硬不屈;固执:倔~。
另见 qiáng(小学),qiǎng。

酱 jiàng ①名用发酵后的豆、麦和盐做的糊状形调味品:黄~|甜面~|豆瓣~。②名像酱的糊状食品:果~|虾~|花生~|芝麻~。③形用酱或酱油腌制、炖煮的:~肉|~菜|~萝卜|~肘子。④动用酱或酱油腌制、炖煮:把牛肉一~|~几坛子萝卜。

椒 jiāo ①[辣椒]làjiāo 名草本植物,分辣椒、甜椒,果实可做蔬菜、调味品等。②[胡椒]hújiāo 名藤本植物,果实未成熟的干后果皮变黑,叫黑胡椒;果实成熟的去皮后白色,叫白胡椒。果实可做调味品或药。③名花椒,落叶灌木或小乔木,具有香味,枝上有刺,果实球形,红色,可以做调味的香料和药材。

蕉 jiāo ①名芭蕉、香蕉等芭蕉科的统称。②名指某些有像芭蕉那样的大叶子的植物:美人~|~麻。

礁 jiāo ①名江河或海洋中隐在水下或露出水面的岩石:暗~|~石|船触~了。②名由珊瑚虫等生物遗骸堆积而成的像岩石的东西:珊瑚~。

嚼 jiáo 动用上下牙齿磨碎食物:咀~|~饭|味同~蜡|吃东西要多~一~。
另见 jiào, jué。

搅 jiǎo ①动扰乱,打扰:~扰|胡~|~得我心烦。②动拌和,搅拌:~水|~浑一池水|把药~匀。

缴 jiǎo ①动交付:~款|~费|~税|~纳|上~|~枪投降。②动迫使交出:~械|~获敌人八挺机枪|~销(交回注销,多用于证件、牌照等)。

侥 jiǎo [侥幸][形]意外或偶然碰上了好事或躲过了坏事:考试不要有~心理|心存~。

另见 yáo。

剿 jiǎo [动]讨伐,消灭:~匪|~灭|追~|围~。

另见 chāo。

觉 jiào [名]睡觉,从入睡到睡醒的过程:睡午~|睡了一~。

另见 jué(小学)。

校 jiào ①[动]查对,订正:~对|~订|~勘(kān)|~样|~点|~正|这本书的清样已~了三遍。②[动]比较,较量:~场(从前操练和比武的地方)。

另见 xiào(小学)。

轿 jiào [名]轿子,由人抬着走的一种旧式交通工具,形状像小屋,由竹木制成,四周有布帷,两旁有两根长杆,由人抬着或由骡马驮着走:抬~|~夫|文官坐~|八抬大~。

嚼 jiào [倒嚼]dǎojiào [动]反刍,牛羊等把咽下去的食物再反回到嘴里重新细嚼。

另见 jiáo, jué。

酵 jiào ①[动]发酵,利用微生物的作用使有机化合物起泡沫变酸,如做馒头发面就是使面粉发酵,酿酒、制酱都要经过发酵。②[名]酵母,真菌的一种,也叫酵母菌或酿母菌。

皆 jiē [副]全,都,都是:人人~知|草木~兵|尽人~知|有口~碑|比比~是|啼笑~非|四海之内~兄弟。

秸 jiē [名]农作物去穗或脱粒后剩下的茎:麦~|豆~。

※右上是"士",不是"土"。

劫¹ jié ①用暴力强取、抢夺:抢~|~夺|~洗|趁火打~|歹徒~走一辆车。②[动]威逼,要挟:~持人质。

劫² jié ①[名]灾难:浩~|遭~|~数|在~难逃|~后余生|万~不复。②[量]佛经中指天地的形成到毁灭的一个周期谓之一劫。梵语"劫波"的略称:万~不复|几世几~。

捷¹ jié [动]战胜,胜利:大~|~报|~告|~报。

捷² jié ①[形]快,迅速:敏~|~足先登。②[形]近便,方便:便~|~径|~直。③[动]抄小路,斜着走近路:~行|~速。

届 jiè ①[动]到:~时|期~满(期满)。②[量]次,期:第~~|本~|应~|历~|下~。

芥¹ jiè [名]芥菜,草本植物,叶大多皱纹,有叶柄,不包围花茎。种子黄色,有辣味,研成粉可调味,叫芥末。芥菜的变种很多,分叶用(雪里红)、茎用(榨菜)、根用(大头菜)三类,都是蔬菜。

芥² jiè [名]小草,喻指细微的事物:草~|~蒂(细小的梗塞的东西,比喻心里有意见)。

另见 gài。

诫 jiè 〔动〕劝告,警告:告~｜劝~｜规~｜训~。

谨 jǐn ①〔形〕小心,慎重:~慎｜防~｜恭~｜拘~｜~小慎微。②〔副〕郑重,恭敬:~上｜~赠｜~启｜~具｜~致谢忱。

浸 jìn ①〔动〕把东西放在水里泡:~泡｜~种｜~一~。②〔动〕液体渗入或渗出:~透｜~润｜露水~湿了衣服。

荆 jīng ①〔名〕落叶灌木。其种类很多,有牡荆、黄荆、紫荆等。枝条柔软,可编筐篮,果实入药。②〔名〕特指古代用荆木条做的刑杖:~杖｜负~请罪｜肉袒负~。③〔名〕旧时对人谦称自己的妻子:拙~｜~室｜山~｜~妻。④(Jīng)〔名〕春秋时楚国的别称。⑤〔名〕古代九州之一,包括今湖北省的中、南部,湖南中、北部,四川省和贵州省的一部分。⑥(Jīng)〔名〕姓。

兢 jīng 〔兢兢〕jīng jīng〔形〕小心谨慎的样子:战战~~｜~~业业。

阱 jǐng 〔名〕捕捉野兽或用来防御、杀伤敌人的陷坑:陷~。

劲 jìng 〔形〕坚强有力:刚~｜~旅｜~松｜疾风知~草。

另见 jìn(小学)。

靖 jìng ①〔形〕安定,平安:地方安~｜社会宁~。②〔动〕平定,使秩序安定:~乱｜~难｜绥(suí)~｜~边。

窘 jiǒng ①〔动〕穷困,收入少陷于困境:~境｜~匮｜~于饥寒｜生活~迫｜日子过得很~。②〔形〕为难,难堪:~态｜~况｜处境很~｜让他非常~。③〔动〕使为难:~得他无地自容｜不要再~她了。

※统读 jiǒng,不读 jǔn。

鸠¹ jiū 〔名〕鸠鸽科部分鸟的统称。有绿鸠、南鸠、鹃鸠和斑鸠等。常指斑鸠,形状像野鸽、羽毛灰褐色,有斑纹,嘴短,尾长。

鸠² jiū 〔动〕聚集(多含贬义):~集｜~合｜~聚。

玖¹ jiǔ 〔名〕像玉的浅黑色美石。

玖² jiǔ 〔数〕数字"九"的大写。

灸 jiǔ 〔动〕中医的一种治疗方法,用艾叶或艾绒等烧灼或熏烤人体穴位的表面:针~。

※灸字上面是久,不是(肉)夕。

韭 jiǔ 〔名〕韭菜,多年生草本植物,叶子细长扁平而柔软,叶和花都是蔬菜。在黑暗、潮湿环境下培植的叶色浅黄,叫韭黄。

车 jū 〔名〕中国象棋棋子的一种:~、马、炮｜~让马｜三步不出~是臭棋。

另见 chē(小学)。

据 jū 〔拮据〕jié jū〔形〕缺钱,经济状况困难窘迫:手头~。

另见 jù(小学)。

鞠¹ jū ①〔名〕古代一种用皮革缝制的实心球,类似现在的足球,用来习武或游戏:蹴(cù)~｜踏~。②(Jū)〔名〕姓。

鞠² jū 动 生育,养育,抚养:~养|~育|生我~我。

鞠³ jū 动 弯曲:~躬(躬,身体)。

沮 jū 名 沮水,水名。在湖北。
另见 jǔ,jù。

驹 jū ①名 少壮的马,常借指英俊少年:千里~。②名 初生的或不满两岁的牲口:马~子|小驴~子。

局¹ jú ①名 一部分:~部。②名 政府中的某些机关或企业中的某些业务机构的名称:财政~|教育~|卫生~|铁路~|商业~|邮电~|书~。

局² jú ①名 棋盘:棋~。②量 某些比赛一次叫一局:连赛两~|平~|胜了一~。③形 势:时~|战~|结~。④名 指某些聚会:饭~|赌~|牌~。⑤名 圈套:骗~。

局³ jú 形 拘束,狭小:~限|~促。

柜 jǔ 名 柜柳,即枫杨,落叶乔木,叶子长椭圆形,开黄绿色花,雌雄同株。性耐湿、耐碱,可以固沙。木质轻软,可制作箱板、火柴、家具等。枝条柔韧,可编制器具。
另见 guì(小学)。

矩 jǔ ①名 木工用来求直角或方形的曲尺:~尺。②名 法则,法规:规~|循~蹈~。③名 方形,几何学中指长方形:~形。

沮 jǔ ①动 终止,阻止:~遏|~格。②动 灰心,失望:神情~丧。

另见 jū,jù。

拒 jù ①动 抵抗,抵挡:抗~|~敌|~捕。②动 不接受,拒绝:来者不~|~人于千里之外。

俱 jù 副 全,都:万事~备|面面~到|百废~兴。

剧¹ jù ①形 厉害,猛烈:~变|~痛|~烈|病情加~。②(Jù)名 姓。

剧² jù 名 戏剧:京~|话~|喜~|悲~|~本|~情|演~|~院。

惧 jù 动 害怕:~怕|恐~|畏~|无所畏~|临危不~。

炬 jù ①名 火把:火~|目光如~。②名 蜡烛:蜡~。③动 用火烧,焚烧:付之一~。

洳 jù 形 湿,潮湿:~洳(rù)|~泽。
另见 jū,jǔ。

捐 juān ①动 献出财物、生命:~助|~钱|~献遗物|~赠|为国~躯。②名 税的一种:车~|税~|上~|苛杂税。③动 舍弃:~弃|细大不~。

绢 juàn ①名 一种薄而挺括坚韧的丝织品:~花|~扇。②名 手帕:手~。

圈 juàn 名 饲养家畜家禽的棚或栏:羊~|猪~|~养。
另见 juān(小学),quān(小学)。

眷 juàn ①动 关怀,想念:~念|~恋|~注|~顾。②名 亲属:家~|~宝|~亲|~女|~属。

角 jué ①名 戏剧或影视中,演员扮演的剧中人物:主~|配~|~色。

②名 戏曲演员专业分工的类别：丑~｜旦~。③名 泛指演员：名~｜坤~。

角² jué 名 古代盛酒的器具，形状像爵。

角³ jué 名 古代五音(宫、商、角、徵(zhǐ)、羽)之一，相当于简谱的"3"。

角⁴ jué 动 竞赛，竞争：~力｜斗~｜~逐｜口~。
另见 jiǎo。

嚼 jué 动 义同嚼(jiáo)。用于某些合成词和成语：咀~｜过屠门而大~。
另见 jiáo, jiào。

脚 jué 同"角¹"。
另见 jiǎo(小学)。

爵¹ jué ①名 古代一种青铜制的酒杯，有三条长腿，两柱和流，盛行于商、周时代。②量 用于饮酒的计量单位：饮酒三~｜举酒二~。

爵² jué ①名 爵位，君主制贵族封号的等级：侯~｜公~｜官~。②动 授予爵位：~赏｜~封。

龟 jūn [龟裂] jūnliè ①动 同"皲(jūn)裂"。②动 裂开许多缝子，呈现出许多裂纹。
另见 guī(小学)，qiū。

K

咖 kā 音译用字，用于咖啡(英语 coffee 的音译，热带常绿灌木或小乔木。种子焙干研末，可作饮料)等。
另见 gā。

刊 kān ①动 刻，雕刻：~刻｜~石。②动 印刷出版：~印｜~行｜创~｜停~。③名 刊物，定期出版的读物或报纸专栏：期~｜月~｜副~｜报~｜校~｜特~。④动 订正，修改：~误｜~正｜~谬补缺｜不~之论。

坎¹ kǎn ①名 地面低陷处，坑：凿地为~。②名 田间高出地面的土埂：土~｜田~。③名 八卦之一，卦形是☵，代表水。④[坎坷] kǎn kě 形 道路或土地坑洼不平，常用来喻指人生波折多，不顺利，不得意：路面~不平｜半生~。

坎² kǎn 量 法定计量单位中发光强度单位坎德拉的简称。

糠 kāng ①名 稻、麦等籽实脱下的皮或壳：米~｜麦~｜吃~咽菜。②形 (萝卜等)失去水分而发松，变空：萝卜~心儿｜萝卜~了。

铐 kào ①名 用来锁住犯人两手的刑具：手~｜镣~。②动 戴上手铐：~上囚犯。

坷 kē [坷垃] kē·lā 名 土块：土~｜把田地里的~砸碎。

苛 kē ①形过于繁细,烦琐:~细|~捐杂税。②形过分严厉,刻薄:~刻|~求|~待|~责|条件太~。

呵 kē [呵叻]Kēlè 名地名,在泰国。
另见 hē。

坷 kě [坎坷]kǎnkě 见"坎"。
另见 kē。

可 kè [可汗]kèhán 名古代鲜卑、突厥、回纥、蒙古等族最高统治者的称号:~大点兵。
另见 kě(小学)。

垦 kěn ①动翻耕土地:~地|~田。②动开拓荒地使变为熟地:开~|~荒|~殖|围~|~区。

啃 kěn ①动用牙齿把坚硬的东西一点一点地咬下来:~骨头|~老玉米。②动比喻攻读、钻研,攻克难关:~书本。

吭 kēng 动出声,说话:不~气|不~一声。
另见 háng。

抠 kōu ①动用手指或尖细的东西往深处挖或掏:在墙上~一个洞|~鼻孔。②动雕刻:给镜框~出花边来。③动深究(多指过分地不必要地深究):~字眼儿|~了几年书本儿|死~名词术语|死~条文。④形吝啬(sè):这个人该花的钱不花,真~。

胯 kuà 名人体腰部两侧到大腿之间的部分:~骨|~下|~下之辱。

会 kuài 动总合,总计,合计:~计|~计师。
另见 huì(小学)。

框 kuàng ①名安装门窗的架子:门~|窗~|方~。②名镶在器物周围起支撑作用的边:玻璃~子|镜~|眼镜~子。③名在文字、图片的四周加上的线圈:烈士的名字四周加了黑~|烈士照片四周有个黑~。④动加框,用线条圈起来:把多余的字~起来|重要的段落用红笔~起来。⑤动限制,约束:旧的规章制度把人~死了|不要让旧的一套东西~住了手脚。

眶 kuàng 名眼睛的四周,眼眶:热泪盈~|泪水夺~而出。

亏 kuī ①动赔损,损耗,跟"盈"相对:盈~|~损|~耗|~了血本儿。②动欠缺,短少:~欠|~空|~秤|理~|~功一篑。③动亏负,使受损失:~心|~待人|~地,~一时;地~人,~一年。④动幸亏,幸而:多~|~他及时发现,不然就出事了。⑤动表示责备、讽刺的语气:~你做得出来|~你是大人,还欺负小孩。

窥 kuī 动从孔隙、隐蔽处暗中察看:~伺|~见|~探|~测|管中~豹。

魁 kuí ①名星名,北斗七星中形成斗星的四颗星,一说指其中离斗柄最远的一颗。②名头领,为首的,第一名:夺~|花~|党~|罪~祸首。③形高大健壮:~梧|~伟|~岸。

傀　kuǐ　[傀儡]kuǐlěi 名 木偶戏里的木头人,比喻自己不能做主,受人操纵、摆布的人或组织:~政权丨~皇帝丨~戏。

※统读 kuǐ,不读 kuí。

溃　kuì　①动 大水冲破堤坝:~决丨~堤。②动 突破:~围(突破包围)。③动 逃散,被打垮:~败丨击~丨散~逃丨~退丨不战自~。④动 腐烂,特指肌肉组织腐烂:~烂丨~疡(yáng)。

另见 huì。

廓　kuò　①空而大,空阔,广大:广~丨空~丨寥~。②动 扩大,开拓:开~丨~张丨~大。③动 使清除:清事实丨~清寰宇丨~除阴霾(mái)丨残余匪徒已~清。④名 物体外部的边缘:轮~丨耳~。

L

拉　lā　[拉祜族]Lāhùzú 名 我国少数民族之一,分布在云南省。

另见 lá、lǎ、là(小学)。

拉　lá　动 切割,划破:~开这张皮子丨~开一块玻璃丨手上~个口子。

另见 lā、lǎ、là(小学)。

拉　lǎ　[半拉]bànlǎ 量 半个,半边:~月饼丨~西瓜丨~脸都肿了丨这~是客厅,这~是卧室。

另见 lā、lá、là(小学)。

喇　lǎ　①[喇叭]lǎ·ba 名 铜管乐器,吹的一头细,另一头口向四周张开,以扩大声音:吹~。②名 有扩音作用,形状像喇叭的东西:汽车~丨扩音~。③[喇嘛]lǎ·ma 名 藏传佛教的僧侣,原义为上人。

落　là　①动 遗漏,丢下:这句话~了两个字丨通知上~了他的名字。②动 掉在后面,跟不上:他~在后面了丨全班谁也没有~下。③动 东西忘记带走,把东西遗留在某处:书~在家里了丨丢三~四。

另见 lào、luò(小学)。

瘌　là　[瘌痢]là·lì 名 黄癣,皮肤病,头部先发生黄斑或脓包,结痂后随痂脱落不再长出。

另见 lài。

莱　lái　①名 古时指藜(lí),一年生草本植物。②名 古时指郊外休耕的田地,也指荒地:田~。③名 莱阳,县名,在山东省,以产梨著名。④[莱菔]láifú 名 萝卜。

赖　lài　①动 依靠,仰仗:信~丨仰~丨依~丨百无聊~。②形 刁钻泼辣,不讲道理:要~丨~无丨撒~丨~皮。③形 不好,坏:好~丨庄稼长得不~丨唱得不~丨买好的,别买~的。④动 故意不承认或推脱:抵~丨人证俱在~不掉。⑤动 无根据地硬说别人做错事:诬~。⑥动 留在某处不肯走:~在人家里。⑦(Lài)名 姓。

癞 lài ①<名>麻风,慢性传染病,症状是皮肤麻木,肤色变深,表面形成结节,毛发脱落等。②<形>表皮或表面凹凸不平或有斑点,像长癞的样子:~瓜|~皮狗|~蛤蟆。

另见 là。

懒 lǎn ①<形>不勤快,怠惰:~惰|~汉|偷~|好吃~做。②<形>疲倦,疲乏,无精打采:洋洋|伸~腰|身上发~。③<动>厌烦,不愿意:~得动弹|他的事我~得管|~得搭理他。

揽 lǎn ①<动>把持,掌握:大权独~|~总|~镜自照。②<动>搂,围抱:母亲把孩子~在怀里|将她一把~住。③<动>拉过来:~工|~事|包~|兜~生意|~点活儿干|把责任~过来了。④<动>捆,把松散的东西聚拢到一起:~行李|用绳子~一下柴火。⑤<动>采摘,摘取:九天~月。

缆 lǎn ①<名>系船用的多股粗绳或铁索:船~|~绳|解~开船。②<名>许多股拧成的像缆的东西:电~|钢~|光~。③<动>用绳索拴住,系上:~舟。

榄 lǎn <名>橄榄,常绿乔木,花白色,果实椭圆形,绿色,也叫青果,味酸涩而清香,可以吃。种子叫榄仁,可榨油。树脂供药用。

蓝 lan [苤蓝]piě·lan <名>草本植物,球茎是普通蔬菜。也叫球茎甘蓝。

琅 láng ①[琅玕]lánggān <名>像珠子一样的美石:腰佩~。②<名>指

竹。③[琅琅]lángláng <拟声>模拟金石相击声或响亮的读书声:书声~|~上口。

榔 láng [榔头]láng·tou <名>敲打东西的锤子,也作鄉头(现在以榔头为推荐字形)。

朗 lǎng ①<形>明亮:明~|晴~|豁然开~。②<形>声音清晰响亮:~读|~诵|~吟。

郎 làng [屎壳郎]shǐ·kelàng <名>昆虫。全身黑色,有光泽,会飞,吃粪便,常把屎滚成球。学名 蜣螂(qiānglánɡ)。

唠 láo [唠叨]láo·dao <动>话多不停:一件小事没完没了地~半天。

另见 lào。

姥 lǎo [姥姥]lǎo·lao ①<名>外祖母,外婆。②<名>对接生婆的称呼,也是对老年妇女的尊称。

另见 mǔ。

络 lào [络子]lào·zi ①<名>用线绳结成的小网线袋子。②<名>绕纱、绕线用的器具。

另见 luò(小学)。

涝 lào ①<动>雨水过多,淹了庄稼,跟"旱"相对:~灾|十年九~|旱~保收。②<名>因雨水过多田地里积存的雨水:排~。

落 lào 义同"落"(luò)的部分义项。在口语或某些北方方言中读 lào,如~枕(睡眠时脖子受寒而转动不灵)|~炕(病得不能起床)|~色(衣服褪

色)|~子|莲花~|唐山~子。

另见 là,luò(小学)。

唠 lào 动方言,闲聊:~嗑|~家常。

另见 láo。

烙 lào ①动把食物放在烧热的铛或锅上烤熟:~饼|~锅贴儿。②动用烧热的金属器物来烫或熨东西,或在物体上留下标记:用熨斗~衣服|印~花。

另见 luò。

酪 lào ①名用牛、羊、马等乳汁制成的半凝固或凝固的乳制品:奶~。②名用植物果子或果仁等煮成的糊状食品:杏仁~|核桃~|山楂~。

勒 lēi 动用绳子等条状物捆住或套住后再用力拉紧:把行李~紧|紧裤腰带|把歹徒~死。

另见 lè(小学)。

累 léi ①[累累]léiléi 形接连成串的样子。果实~。②[累赘] léi·zhui a.形(事物)多余或麻烦;(文字)不简洁。b.动使人觉得多余或麻烦。

另见 lěi,lèi。

擂 léi ①动研磨,把东西研碎:~碎|~钵。②动敲,打:~鼓|自吹自~。

另见 lèi。

累¹ lěi ①动积聚,堆集:~计|成千~万|日积月~|危如~卵。②动连续,连接:欢聚~日|长年~月|连篇~牍。③副屡次:~教不改|~迁|~~。

累² lěi 动牵连:牵~|连~|带~|~及。

另见 léi,lèi。

蕾 lěi 名含苞待放的花朵:花~|蓓~。

※统读 lěi,不读 léi。

儡 lěi [傀儡]kuǐ lěi,见"傀"。

累 lèi ①动疲乏,疲劳:劳~|干活不觉得~。②动使劳累:这孩子真~人|别~着了。③动操劳:~了一天,回家还要忙家务。

另见 léi,lěi。

肋 lèi 名人和某些动物胸部的两侧,弓形的扁骨:两~|左~|~骨|右~。

擂 lèi 名擂台,为比武而设的台子:摆~台|打~台|~主。

另见 léi。

棱 lēng [扑棱]①pūlēng 拟声形容翅膀抖动的声音。②pū·leng 动抖动或张开。

棱 léng ①名立方体的两个面相连接处:桌子~|箱子~|三~镜|有~有角。②名物体表面凸起来的条形部分:瓦~|眉~|冰~|这块搓板都没~了。

另见 lēng,líng。

楞¹ léng ①旧同"棱"。②[楞场]léngchǎng 名木材采伐运输过程中,汇集,堆存和转运的场所。

楞² léng 音译用字,用于《楞严》《楞伽》(均为佛经名)、"色楞格"(蒙古国省名)。

犁 lí ①名 翻地松土的农具,用人力、畜力或机器牵引:~镜|~杖。②动 用犁耕地:~田|~地。

鲤 lǐ ①名 鲤属鱼的统称。体扁肥,背苍黑,腹淡黑,口前有触须两对,生活在淡水中。②名 书信的代词,因古时寄信,常用尺素结成双鲤形状,故名:~素|~书。

隶 lì ①名 旧时供使唤的、社会地位低下的人:奴~|仆~。②动 附属,从属:~属。③动 官府的差役:皂~|~卒。④名 汉字字体的一种,书法的一种体式,由篆书简化演变而成,是汉代通行的字体:~书|汉~|~体|真草~篆。

栗¹ lì 名 栗子树,落叶乔木,木质坚硬,果实包在球形带刺的壳内,叫栗子,也叫板栗,成熟时果实即脱离壳斗。味甜,可食。木材可制枕木、矿柱、地板,树皮及木材可提栲胶,叶子可饲养柞蚕。

栗² lì ①动 因恐惧或寒冷而发抖:战~|不寒而~。②形 寒冷:~烈。③(Lì)名 姓。

吏 lì ①名 古时官员的通称:百~|官~|~员|封疆大~|贪官污~。②汉代以后特指官府中的小官或差役:胥(xū,小官吏)~|~刀笔~。

沥 lì ①动 液体一滴一滴地向下滴:~泣|滴~|呕心~血。②名 滤过的酒,渗出的液体:余~|~酒。

荔 lì [荔枝]lìzhī 名 常绿乔木,果实球形或卵形,外皮有瘤状突起,熟时呈红色,肉白多汁,味鲜甜,是中国特产。

俐 lì [伶俐]línglì,见"伶"。

莉 lì [茉莉]mòlì,见"茉"。

砾 lì 名 小石块,碎块:砂~|瓦~|~石|~岩。

雳 lì [霹雳]pīlì①名 一种又急又响的雷,是云和地面之间发生的雷电现象。也叫霹雷。②名 常喻指突然发生的意外事件:晴天~。

痢 lì 名 痢疾,肠道传染病。主要分细菌性痢疾和阿米巴痢疾。症状是患者腹痛、发烧、腹泻,排泄物带黏液、血液和脓等:赤~|白~。

俩 liǎ ①数 两个:姊妹~。②数 不多的几个:挣~钱真不容易。
另见 liǎng。

敛 liǎn ①动 收住,收起:~容|步~|迹|收~笑容。②动 聚集,征收:聚~财物|清洁费~齐了|横征暴~。③动 不放纵,约束:闭门自~|收~行为。

俩 liǎng [伎俩]jìliǎng 名 花招,不正当的手段:骗人的~。
另见 liǎ。

凉 liàng 动 把热的东西放在通风处,使温度降低:把茶~一~再喝|~点凉(liáng)开水。

另见 liáng(小学)。

撩 liāo ①动 掀起,提:~开帘子|起长裙。②动 用手舀水往外洒:~点水再扫地|给花儿~点水|~了我一身水。

另见 liáo。

僚 liáo ①名 官吏:官~。②名 旧指在同一官署做官的人:同~|~友。

聊¹ liáo ①副 姑且,暂且:~备一格|~以自慰|~以解嘲。②副 略微,稍:~表寸心|~胜一筹|~胜于无。

聊² liáo 动 依赖,依靠:无~|民不~生|百无~赖。

聊³ liáo 动 闲谈:闲~|~天|~起来没完。

寥 liáo ①形 稀少,稀疏:~若晨星|~~无几|~落。②形 寂静:寂~。③形 高远,空旷,空虚:~廓的天空。

撩 liáo ①动 挑逗,招引:~拨|~逗|~春色|~人。②动 纷乱:眼花~乱。

另见 liāo。

潦 liáo ①[潦草]liáocǎo 形 做事不认真,写字不工整:敷衍~|字迹~。②[潦倒]liáodǎo 形 不得意,颓丧:一生~|穷困~。

另见 lǎo。

缭 liáo ①动 缠绕,围绕:~绕|~乱。②动 缝纫方法,用针斜着缝:~缝|~贴边|多~几针。

燎 liáo ①动 烧,火向四周蔓延燃烧:~田|放火~荒|星火~原。②动 烫:~泡。

另见 liǎo。

燎 liǎo 动 靠火近而烧焦:头发让火苗~了一大片|烟熏火~。

另见 liáo。

镣 liào 名 套在犯人脚腕上,使不能快走的刑具:脚~|~铐。

咧 liē ①[咧咧]liēliē 用于"骂骂咧咧""大大咧咧"等词语。②[咧咧]liē·lie a.动 小儿啼哭:这孩子又~开了。b.动 乱说:瞎~。

另见 liě(小学)。

琳 lín ①名 美玉:玫瑰碧~。②[琳琅]Línláng 名 美玉名,喻指珍贵华美的东西:~珠玉|~满目。

磷 lín 名 非金属元素,符号P。有白磷(黄磷)、红磷和黑磷(紫磷)三种同素异形体。可以做火药、火柴、化肥、药品等。

鳞 lín ①名 鱼类、爬虫类和少数哺乳动物等身体表面被覆的角质或骨质的透明小薄片,顺次复叠,状似屋瓦,具有保护作用;鱼~。②形 形状像鳞片的:~波|~茎|遍体~伤(伤痕像鱼鳞一样多)。

凛 lǐn ①形 寒冷:~冽|寒风~冽。②形 敬畏、害怕的样子:~栗|~

畏。③形神色威严,使人敬畏:威风~|大义~然|~若冰霜。

檩 lín 名架在房梁上或山墙上用来支持椽(chuán)子或屋面板的条形横木:~子|~条。

淋 lín ①动过滤:~硝|~盐|把药渣~出来再喝。②[淋病]línbìng 名性病的一种,因淋病球菌感染所引起的性病。患者尿道发炎肿烂,排尿困难,尿中带有脓性分泌物。
另见 lín(小学)。

吝 lìn 形舍不得,过分爱惜自己的力量或财物,当用不用:~惜|~啬|悭~|~教(不肯赐教)。

赁 lìn 动租,租借,出租:~房|租~|出~|这辆车是~来的|那间房子出~了。

躏 lìn [蹂躏]róulìn 动践踏,比喻用暴力欺凌、摧残:惨遭~|~人权。

令 líng [令狐]Línghú①名古地名,在今山西省临猗县一带。②名复姓。
另见 lǐng,lìng(小学)。

伶 líng ①名旧指戏曲演员或歌舞艺人:~人|名~。②[伶仃]língdīng 形孤苦无依的样子:孤苦~。③[伶俐]línglì 形聪明,乖巧:这小孩~|口齿~。

龄 líng ①名年龄,岁数:老~|适~|高~。②名年数,年限:工~|党~|学~|舰~|树~。③名生物学上指某些生物生长过程中划分的阶段:一~虫|七叶~。

玲 líng ①[拟声]模拟玉石撞击声:~玎|~~盈耳。②[玲珑]línglóng a.形器物制作精巧细致:小巧~|雕灯~剔透。b.形聪慧,灵活敏捷:娇小~。

菱 líng 名一年生草本植物。多生于池塘,水上叶片略呈三角形,夏天开白色或淡红色花,果实叫菱角,硬壳有角,果肉可吃或做淀粉。

蛉 líng [白蛉]báilíng 名昆虫,像蚊略小,身体黄白色或浅灰色,表面有很多细长的毛,胸部隆起,翅纺锤形。雄的吸食植物汁液;雌的吸食人畜的血液,能传播黑热病和白蛉热。

翎 líng 名鸟类翅膀或尾巴上长而硬的羽毛,有的颜色很美,可做装饰品:雁~|孔雀~|鹅~扇|野鸡~子。

棱 líng [穆棱]Mùlíng 名地名,在黑龙江省。
另见 lēng,léng。

令 lǐng 量纸张计量单位,机制的整张原纸500张为1令:5~道林纸。
另见 líng,lìng(小学)。

刘 Liú 名姓。

琉 liú [琉璃]liú·li 名一种质地脆硬的透明釉料,用扁青石(铝和钠的矽酸化合物)烧制而成,多为绿色或金黄色,用来烧制缸、盆、砖、瓦:~砖|~瓦。

硫 liú 名 非金属元素,符号S。浅黄色结晶体,质硬而脆,性易燃,可做火药、火柴的原料,又可做药品。通称硫黄。

馏 liú 动 通过加热等方法使液体中的不同物质分离或分解:蒸~|分~|干~。

另见 liù。

瘤 liú ①名 瘤子,人或动物身体某一部分组织细胞因病理性增生而产生的赘生物,分良性和恶性两种:肿~|毒~|肉~。②名 树干上或豆科植物根部隆起的部分:根~|树~。

陆 liù 数 数字"六"的大写。

另见 lù(小学)。

碌 liù [碌碡]liù·zhou 名 轧谷物或轧平场地用的圆柱形石制器具。

另见 lù(小学)。

馏 liù 动 把凉了的熟食品蒸热:~馒头。

另见 liú。

咙 lóng [喉咙]hóulóng 名 嗓子,咽部和喉部的统称。

胧 lóng [朦胧]ménglóng 见"朦"。

垄 lǒng ①名 田间做分界的略微高起的小路,田埂。②名 耕地上种植农作物的土埂:~沟|~背|~作|白薯~。③名 形状像垄的东西:瓦~。

弄 lòng 名 巷子,胡同:~堂|里~。

另见 nòng(小学)。

陋 lòu ①形 狭小,低矮:~巷|~室|~室铭。②形 见闻少,浅薄:浅~|鄙~|孤~寡闻。③形 坏的,不文明的:~俗|~习|~规。④形 长相不好看,丑:丑~。⑤形 粗劣,不细致:简~|粗~|因~就简。

颅 lú 名 头的上部,即头盖骨,也指头:头~|~骨|开~手术。

虏 lǔ ①动 捕获,捉到:~获|俘~|敌兵百余人。②名 打仗时候捉住的敌人:俘~。③名 古时对敌人的蔑称:强~|入寇|鞑~(古代对北方民族的蔑称)。

卤 lǔ ①名 盐卤,卤水,熬盐时剩下的味苦有毒的黑色液体,可制豆腐。②动 烹饪方法。用盐水或酱油加调味料煮:~味|~肉|~鸡|~煮火烧。③名 饮料的浓汁或食物的汤羹:茶~|打~面。

赂 lù ①动 利用财物买通别人为自己办事:贿~。②名 赠送的财物或泛指财物。③动 赠送财物。

驴 lǘ 名 哺乳动物,比马小,耳朵长,毛多为灰褐色或黑色。尾巴根毛少,尾端像牛尾。性情温驯,能驮负重物,多用做力畜。

吕 lǚ ①律吕,音律的统称。②(Lǚ)名 姓。

侣 lǚ ①名 同"伴",伙伴:伴~|情~。②(Lǚ)名 姓。

铝 lǚ 名 金属元素,符号Al。银白色,质轻坚韧,富延展性,易导电导热,化学性质活泼,可制作高压电缆、铝箔、日用器具。铝合金可制造飞机、火箭、汽车、船舶等。

缕 lǚ ①名线丝:丝~|千丝万~|不绝如~|金~玉衣。②形有条理,详详细细:~述|~陈|条分~析|③量用于细条状的东西:~~丝线|几~青烟|一~白云|两~麻|一~炊烟。④量用于抽象的事物:一~情丝。

履 lǚ ①名鞋:西装革~|草~|削足适~。②动踩,践:~险如夷|如~薄冰。③动经历:~历。④动实践,实行:~约|~行。⑤名脚,脚步:步~艰难。

率 lǜ 名两个相关的数量间的比例关系:比~|利~|税~|生产~|出勤~|增长~|圆周~。

另见 shuài(小学)。

氯 lǜ 名气体元素,符号Cl。浅黄绿色,比空气重,有刺激性臭味,有毒。主要用来制漂白剂、消毒剂、染料、塑料和农药等。

抡 lūn 动手臂用力挥动:~拳|~棍|~起铁锤|~起棒子就打。

另见 lún。

抡 lún 动选择;选拔:~材|~元(指夺得榜首地位)|~魁(中选第一名)。

另见 lūn。

沦 lún ①动落到水里,淹没:沉~|~没。②动陷入:~亡|~陷|~

落|~为殖民地|~为娼妓。③名水的波纹:河水清且~猗(yī)。

论 lún 名《论语》,书名,孔子的再传弟子记载孔子及其门徒思想、言行的书,共20篇,为儒家经典之一。

另见 lùn(小学)。

啰 luō [啰唆]luō·suō ①形说话烦多而重复:说话真~|~了半天。②动絮絮叨叨地说,一再说:别跟他~了|~半天也没把事情说明白。③形指事情琐碎,麻烦:手续太~唆。也作啰嗦。

骡 luó [骡子]luó·zi 名哺乳动物,驴和马交配而生的杂种牲口,样子像驴,体形比驴高大,鬃短,尾巴略扁,多为黑褐色,四肢筋腱强韧,耐劳,能负重走远路,北方多用做力畜。公驴和母马交配所生的俗称马骡,公马和母驴交配所生的俗称驴骡。

逻¹ luó 动巡查:巡~|~卒|~所。

逻² luó [逻辑]luó·ji 英语 logic 的音译。①名逻辑学,研究思维的形式和规律的科学。②名客观的规律性:合乎事物发展的~|这两句话不合~|合乎生活~。

裸 luǒ 动露出,光着,没有遮盖:~体|~露|赤~~。

烙 luò [炮烙]páoluò 名古代的一种酷刑。

另见 lào。

M

抹 mā ①动擦,揩:~布|把桌椅~干净|~黑板。②动用手按着向某一方向移动,除掉:把手镯~下来|把头发~一~|把帽子~下来。

另见 mǒ(小学),mò。

摩 mā [摩挲]mā·sā 动用手轻轻按着一下一下地移动:~床单|把衣褶(zhě)~平|~头发。

另见 mó。

蟆 má [蛤蟆]há·ma,见"蛤"。

吗 mǎ [吗啡]mǎfēi 名英语 morphine 的音译。有机化合物,用鸦片制成的白色结晶质粉末,味苦,有毒,医药上用作镇痛剂。连续使用会上瘾。

另见 má,ma(小学)。

玛 mǎ [玛瑙]mǎnǎo 名矿物,质地坚硬,光泽晶莹,鲜艳美丽,可作精密仪表、轴承、研磨用具和装饰品等。

脉 mài ①名血管:动~|静~。②名脉搏,由心脏收缩引起的动脉跳动现象:诊~|号~|~弱。③名像血管一样分布的东西:山~|矿~|叶~|一~相承。

另见 mò。

蛮 mán ①名我国古代对南方民族的称呼:南~|~夷。②形粗野凶狠,不讲道理:横~|野~|~不讲理|胡搅~缠。③形鲁莽,强劲有力:~干|~力。④副很,挺:写得~好|收入~多。

馒 mán [馒头]mán·tou 名用发面蒸成的食品:糖~|肉馅~。

瞒 mán 动不让人知道真实情况,隐藏实情:隐~|欺~|~哄|~上欺下|~天过海(喻指用伪装瞒哄对方,暗地里行动)。

幔 màn 名悬挂在屋里做遮挡或隔离用的布、纱、绸等:窗~|纱~|帐|布~。

氓 máng [流氓]liúmáng ①名原指无业游民,后指品质恶劣、不务正业、为非作歹的人。②名指施展下流手段胡作非为的恶劣行径:耍~|~罪。

另见 méng。

莽¹ mǎng ①名茂生的草:草~|丛~。②形茂密:~原|~~。③形广阔,大:~昆仑。

莽² mǎng 形粗鲁,冒失:鲁~|~撞|~汉。

矛 máo 名古代兵器中一种直刺的武器,有木质的长杆,杆的一端装有金属枪头:长~|~头。

锚 máo 名铁或钢制成的停船工具,一端用锚链(锚索)跟船身相连,一端有钩爪,停船时把锚抛入水底,藉钩爪抓住水底或岸边,使船停稳:起~|抛~|铁~|~爪|~绳。

铆 mǎo ①动用铆钉(特制的金属钉。圆柱形,一头有帽)把金属板

或其他器件连接起来:~接|~工|~钉|这块铁板~得很结实。②动集中全力:~足了劲儿干。

贸 mào ①动交易,买卖:~易|财~|外~。②副轻率,鲁莽:~然|~然决定|~然从事。

玫 méi [玫瑰]méi·gui 名落叶灌木,茎干挺直,枝上有尖刺,多开紫红色或白色花,有浓郁的香味。供观赏,也可以做香料、药材等。

媒 méi ①名介绍婚姻的人:做~|~人。②名使双方发生联系的人或事物:~质|传~。

楣 méi ①名门框上方的横木:门~。②名通称二梁,指房屋的横梁。

昧 mèi ①形愚昧无知,糊涂:蒙~|愚~。②形昏暗:幽~|~爽(指拂晓)。③动隐藏:~心|拾金不~|瞒心~己|不要~着良心说话。④动冒犯:冒~。

萌 méng ①动植物发芽:~芽|~发。②动(事物)开始发生:~生|~动|~发|故态复~。

盟 méng ①动古时指诸侯立誓缔约,现在指国家之间、阶级之间、团体之间的联合:~国|~约|~主。②动结义的,结拜:~兄|~弟|~兄弟|拜~。③动起誓,发誓,宣誓:~誓。④名依据一定的信约结成的密切联合体或组织:同~|联~|加~。⑤名内

蒙古自治区的行政区域,包括若干旗、市、县:呼伦贝尔~。

※统读 méng,不读 míng。

氓 méng 名古代称百姓(多指从外地迁来的):群~。

另见 máng。

檬 méng [柠檬]níngméng,见"柠"。

朦 méng [朦胧]ménglóng①形月色暗淡不明:月色~。②形模糊不清,不分明:暮色~|烟雾~|往事~。

锰 měng 名金属元素,符号 Mn。银白色,质硬而脆,在湿空气中易氧化。多用于炼钢以及具有减振、高膨胀和永磁性的合金。

咪 mī [咪咪]mīmī 拟声形容猫叫或叫猫的声音:小猫~地叫着|老太太"~"地叫她的小猫。

弥 mí ①形遍,满:~漫|~天漫野|大雾~天|~天大谎。②动填补:~补|~合|~缝。③副更加,越发:意志~坚|欲盖~彰|仰之~高,钻之~坚。

糜 mí ①名粥,像粥的食品:肉~|菜~|乳~。②动烂,腐烂:~烂不堪。③动浪费:~费|侈~。④(Mí)名姓。

靡 mí 动浪费:~费|奢~。

另见 mǐ。

靡¹ mǐ 动倒下:望风披~|风~一时。

靡² mǐ ①[动]无,没有:~日不思。②[副]表示否定,相当于"没""不":~得而记。
另见 mí。

觅 mì [动]找,寻求:~食丨寻~丨~句丨~路。

泌 mì [动]液体由细孔排出:~乳丨尿丨分~。
另见 bì。

娩 miǎn [动]生孩子:分~。
※统读 miǎn,不读 wǎn。

冕 miǎn ①[名]古代帝王、诸侯、卿大夫举行朝仪或祭礼时所戴的礼帽:冠~丨衮(gǔn)~丨旒(liú)冕丨堂皇。②[名]特指王冠:加~

缅 miǎn [形]遥远的样子:~想(追想)丨~怀丨~然引领南望。

藐 miǎo ①[形]小,幼弱:~小丨孤~。②[动]轻视,小看:~视。

悯 mǐn [动]哀怜,同情:怜~丨其情可~丨悲天~人。

铭 míng ①[名]刻或铸在碑碣或器物上记述事实、功德等的文字:鼎~丨砚~丨盘~丨~文。②[名]称颂功德、警戒或劝诫自己的文字:墓志~丨座右~丨陋室~。③[动]在器物上刻上文字以示纪念,喻指永志不忘:~记丨~心丨刻骨~心丨~肌镂骨。

螟 míng [名]螟蛾,螟蛾科昆虫的统称。有上万种,幼虫叫螟虫,是专吃禾苗心的害虫。多数生活在水稻、麦子、高粱、玉米等农作物的茎秆中,吃茎秆的髓部,对农作物危害极大。

谬 miù ①[形]错误的,不合情理的:~论丨~误丨~荒丨~失之毫厘,~以千里。②[副]谦辞,表示受到的评价或待遇超过自己的实际水平:~奖丨~爱丨~见丨~加褒奖丨~当重任。③(Miù)[名]姓。

膜 mó ①[名]细胞表面或生物体内起保护作用的一层很薄的组织:耳~丨骨~丨肋~丨竹~丨苇~丨细胞~。②[名]像膜一样的东西:橡皮~丨塑料薄~。

摩¹ mó ①[动]擦,物体与物体紧密接触,来回移动:~擦丨拳擦掌。②[动]摸,抚~丨按~丨挲(suō)。③[动]接触,接近:~天大楼丨肩接踵。④[动]研究,探求:观~丨揣~。

摩² mó [量]法定计量单位中物质的量的单位摩尔的简称。

馍 mó [名]北方一些地方特指馒头。也叫馍馍:白面~丨羊肉泡~。
另见 mā。

蘑 mó ①[名]蘑菇,可食用的伞状菌类植物,种类很多:鲜~丨口~丨松~。②[动]动作慢,故意纠缠:别~菇了,快走吧。

万 mò [万俟]Mòqí [名]复姓。
另见 wàn(小学)。

抹 mò ①[动]用工具把泥、灰涂在物体的表面并弄平:~石灰。②[动]

紧贴着绕过去:拐弯~角。

另见 mā,mǒ(小学)。

脉 mò [脉脉]mòmò 形 形容含情凝视或用眼神表达情思的样子:~含情｜~地注视着远去的朋友。

另见 mài。

茉 mò [茉莉]mò·lì 名 常绿攀援灌木,花小,白色,有浓郁香味,常用来熏制茶叶,也可以提取芳香油。也指这种植物的花。

陌 mò ①名 田间东西方向的小路,泛指田间小路:阡~｜纵横十字成~阡。②名 泛指道路或街道:路｜巷~｜头杨柳。

嘿 mò 动 文言义,古同"默",指不说话,不出声。

另见 hēi。

谋 móu ①动 想主意,策划:~求｜预~｜合~｜~划｜~士。②名 主意,计策:计~｜智~｜阴~｜略~｜足智多~｜深~远虑。③动 寻求,设法取得:~生｜另~出路｜为人民~幸福。

牡 mǔ 形 雄性的,跟"牝"(pìn)相对:~马｜~牛｜~鼠｜~麻。

姆 mǔ [保姆]bǎo mǔ 名 受雇为人从事家务劳动或照料儿童的妇女。

姥 mǔ ①名 文言义,年老的妇女。②文言义,丈夫的母亲。

另见 lǎo。

墓 mù 名 埋葬死人的地方:坟~｜陵~｜~穴｜~地｜~碑｜烈士~。

募 mù 动 广泛征集,招集:~集｜招~｜~化｜~捐。

睦 mù 形 和好,亲近:和~相处｜邻~。

穆 mù ①形 恭敬,庄严:静~｜肃~。②古代宗庙排列的次序,始祖居中,父子递为昭穆,昭居左,穆居右。③(Mù)名 姓。

N

纳¹ nà ①动 收进来,放进来:出~｜~入预算｜闭门不~。②动 接受:采~｜容~｜~降(xiáng)。③动 享受:~福｜~凉。④动 交付:~税｜缴~｜交~。⑤动 列入:~入计划｜~入议事日程。

纳² nà 动 缝纫方法。密密地缝:~鞋底｜~鞋垫儿。

纳³ nà [纳西族]Nàxīzú 名 我国少数民族之一,主要分布在云南、四川等省。

呐 nà [呐喊]nàhǎn 动 大声喊叫:~助威｜摇旗~。

钠 nà 名 碱金属元素,符号 Na。银白色,质软,有延展性,化学性质极活泼,燃烧时火焰呈黄色。它的化合物是工业上的重要原料。钠也是人体肌肉和神经组织中的重要成分。

娜 nà 女子人名用字,如"安娜·卡列尼娜"。

另见 nuó。

捺 nà ①名用手重按：一只手~着左眼｜一个手印。②动抑制：按~不住心头的怒火｜~定性子｜把这种感情~下去。③名汉字的一种笔画，形状是"㇏"，又叫磔(zhé)："人"的笔画是一撇一~。

恼 nǎo ①动发怒，生气：~火｜~怒｜~恨。②形烦闷：苦~｜懊~｜烦~。

哪 né [哪吒] Né·zhā 名古代神话中一位神的名字。传说是毗沙门天王之子，佛教中的护法神。后代成为神话小说《西游记》《封神演义》中的一个人物。

※"吒"读 zhā，不读 zhà。

馁 něi ①形饥饿：冻~｜而死。②形失去信心或勇气：自~｜~气｜胜不骄，败不~。

尼 ní ①名佛教中出家修行的女子，梵语"比丘尼"的略称，也称尼姑：僧~｜~庵。②(Ní)名姓。

拟¹ nǐ ①动相比较：比~。②动仿照：模~｜~古｜~作。

拟² nǐ ①动计划，打算，准备：~往香港｜~采用第二方案。②初步设计，起草：~稿｜~订｜~定章程。

昵 nì 形亲近，亲热：亲~｜~爱｜~友｜~称｜狎(xiá)~(过分亲近而态度轻佻)。

匿 nì 动藏起来，瞒着：隐~｜藏~｜~名信｜销声~迹｜~迹江湖。

腻 nì ①形指食物中油脂太多：肥~｜菜太油~。②形因食物中脂肪太多而使人不想吃：肥而不~。③动厌倦，厌烦：~烦｜这种话听~了｜水果总也吃不~。④形光滑，细致：细~｜滑~｜皮肤细~。⑤名污垢：尘~｜垢~。⑥形因油脂物过多而发黏(nián)：~手｜抹布油垢太多，摸着发~。

溺 nì ①动淹没在水中：~婴｜~水而死。②动沉迷不醒悟，没有节制：沉~｜~爱。

蔫 niān ①形植物等因缺少水分而萎缩：花~了｜小白菜枯~了。②形比喻人的精神不振作，无精打采：这两天他有点~｜~头耷脑。③形暗中动作，不声张：办事~有准儿｜别看他是~脾气，干起活儿来却很麻利。

捻 niǎn ①动用手指搓转：~线｜~麻绳。②名用线或纸搓成的条状物：灯~｜纸~儿｜药~子。

撵 niǎn ①动驱逐：把他~出去｜怎么说也~不走他。②动追赶：~上他。

碾 niǎn ①名用来轧碎东西或去掉谷类皮的器具，碾子：石~｜水~｜汽~｜药~子。②动用碾子等滚压：~米｜~药。

聂 Niè 名姓。

镊 niè ①名镊子，拔除夹取毛发、细刺及其他细小东西的器具：~子。

②动 用镊子拔除或夹取:把~住的虫子放进瓶子里。③名 古代簪钗上的饰物。

孽 niè ①名 罪恶,祸害:罪~|造~|冤~|~根|~种|自作~。②名 邪恶的东西,妖怪:妖~|~障。

狞 níng 形 凶恶可怕的样子:~恶|狰(zhēng)~|~笑。

柠 níng [柠檬]níngméng 名 常绿小乔木,叶子长椭圆形,果实也叫柠檬,长椭圆形或卵形,两端尖,果实味道极酸,可制饮料。果皮可提取柠檬油。

泞 nìng 名 烂泥:泥~。

纽 niǔ ①名 器物上用来提起或系挂的部位:印~|秤~。②名 衣服扣子:~扣|~子。③动 联结,联系:~结|~带。④事物的重要关键:枢~。

拗 niù 形 固执,不顺从:执~|脾气真~|谁也~不过他。
另见 ǎo,ào。

脓 nóng 名 伤口因化脓性炎症病变所形成的黄白色或黄绿色的黏(nián)液,是死亡的白血球、细菌及脂肪等的混合物:伤口化~了|~肿|~包(也比喻懦弱无能的人)。
※统读 nóng,不读 néng。

奴 nú ①名 供役使和受压迫,无人身自由的人:农~|~仆|~隶。②名 古时对自己的谦称(不分男女尊卑)。宋代以后多为女子的自称

疟 nüè 名 疟疾,又称疟子(yàozi)、打摆子,一种由蚊子传染疟原虫而得的急性传染病。症状是周期性发冷发热,然后大量出汗,头痛,口渴,全身无力。
另见 yào。

虐 nüè 形 残暴凶狠:暴~|酷~|待~|杀肆~(任意破坏或杀害)。

娜 nuó ①[婀娜]ēnuó 见"婀"。②[袅娜]niǎonuó 形 形容草木柔软细长,女子姿态优美。
另见 nà。

诺 nuò ①动 答应,允许:允~|承~|许~|~言|一呼百~。②叹 表示同意、遵命或顺从的答应的声音:~~连声|唯唯~~。

懦 nuò 形 胆怯怕事,软弱无能:~夫|~弱|怯~|愚~。

糯 nuò 名 有黏性的(米谷):~稻|~米(江米)|~米酒|~玉米。

O

区 Ōu 名 姓。
另见 qū(小学)。

欧¹ Ōu 名 姓。

欧² ōu ①名 指欧洲:东~|西~|北~|~亚大陆|~美各国。②量 法定计量单位中电阻单位欧姆的略称。

殴 ōu 动 击,打:~打|~伤|斗~。
※统读 ōu,不读 ǒu。

呕 ǒu 动 吐:~血|~吐|~心沥血。

※统读ǒu,不读ōu。

藕 ǒu 名 莲的地下茎。长形,肥大有节,中间有管状小孔,折断后有丝相连,可以吃:~粉|~荷色|~断丝连。

P

扒¹ pá ①动 用手或耙子把东西聚拢或散开:~草|~土。②动 搔,挠:~痒。③动 偷别人身上的东西:~钱|~窃|管车的疑心他是~手。

扒² pá 动 烹调方法,把肉、菜等放入锅内煨烂,炖烂:~羊肉|~白菜。

另见 bā(小学)。

耙 pá ①名 耙子,一种长柄一端有梳齿状的铁齿或木齿,用来平整土地或聚拢、散开柴草等的农具:钉~|竹~|~子。②动 用耙子操作:~地|把麦子堆~开晒干。

另见 bà。

帕¹ pà 名 擦手、擦脸或包头用的柔软小块纺织物:手~|头~|~罗~。

帕² pà 量 法定计量单位中压强单位帕斯卡的略称。物体每平方米的面积上受到的压力为1牛时,压强就是1帕,这个单位名称是为纪念法国科学家帕斯卡而定的。

※统读 pà,不读 pò。

牌 pái ①名 用木板、金属片等做成的作标志,张贴文告等用的板状物:布告~|广告~|招~|门~|车~儿|路~儿。②名 企业的产品取的专用名称:名~|老~|冒~儿货|虎~万金油。③名 词曲的调子:词~|曲~。④名 文娱用品,也用作赌具:打~|骨~|扑克~|麻将~。⑤名 防御、遮挡身体的武器:盾~|挡箭~。

徘 pái [徘徊]páihuái①动 在一个地方来回走:夜深人静,他独自在院里蹒跚。②动 迟疑,犹豫不决:犹豫~|~不前。③动 事物在某个界限上起伏,上下浮动:稻子每亩产量在800斤左右~。

迫 pǎi [迫击炮]pǎijīpào 一种从炮口装弹,以曲射为主的近射程火炮。

另见 pò(小学)。

湃 pài [澎湃]péng pài,见"澎"。

※统读 pài,不读 bài

番 pān [番禺]Pānyú 名 地名,在广东省。

另见 fān(小学)。

叛 pàn 动 背离(自己的一方),投敌:~国|~徒|~变|~逃|众~亲离。

膀 pāng 形 浮肿:~肿|他最近肝病又犯了,脸有点儿~。

另见 bǎng(小学),páng。

膀 páng [膀胱]pángguāng 名 人或高等动物体内贮藏尿液的囊状器

官。

另见 bǎng(小学)，pāng。

螃 páng [螃蟹]pángxiè 名 甲壳动物，全身有甲壳，足有五对，前面一对呈钳状，叫螯，横着爬行。生活在海中或淡水河、湖里。

刨 páo ①动 挖，用镐等挖掘：~地｜~白薯｜~树根。②动 减去，除去：十个~出三个还有七个｜~去成本，这批货净赚两千元。

另见 bào。

咆 páo 动 怒吼，嗥叫：~哮｜狼~虎哮。

炮 páo 动 中药制法。把生药放在热铁锅里急炒，使焦黄爆裂：~炼｜~制(加工制作中草药，方法有炮、炙、炒、煮、渍、泡等。后泛指编造，制作，含贬义)。

另见 pào(小学)。

胚 pēi 名 初期发育的生物幼体，由受精卵或未受精卵发展而成：~胎｜~芽。

培 péi ①动 在根基部加土：给小树的根~土｜把河堤~厚加固。②动 培养，培育：~训｜代~。

赔 péi ①动 赔偿：损坏别人的东西要~｜~款｜包~｜~退。②动 做买卖亏本：~钱｜~本｜这笔买卖不~不赚。③动 向受损害的人认错或道歉：~礼｜~罪｜~不是。

沛 pèi ①形 形容水流湍急，充盛：然｜滂~。②形 旺盛，充足：精力

充~｜雨雪丰~。

※"沛"字右边是市(fú)，一竖贯穿上下，不是市(shì)。

喷 pèn 形 气味浓：~香

另见 pēn(小学)。

砰 pēng 拟声 形容重物撞击、爆裂或落地的声音：房门~地关上了｜暖水瓶~的一声炸了｜木板~的一声倒了下来。

烹 pēng ①动 煮：~茶｜兔死狗~｜~饪。②动 烹调方法，先用热油炸或略炒，然后加入调味汁，迅速翻炒，随即盛出：油~大虾。

膨 péng 动 体积增大，胀：~胀｜~大｜~松。

彭 Péng 名 姓。

硼 péng 名 非金属元素，符号 B。结晶的硼为黑色，有光泽；非结晶的硼为粉末状，棕色，硼化合物广泛应用于工业、农业和医药等方面。

鹏 péng 名 古代传说中最大的鸟，又称大鹏：鲲(kūn)~｜~程万里。

澎 péng [澎湃]péngpài 形 形容波涛互相撞击，比喻声势浩大、气势奔放：江水~｜热情~｜闻一多先生是卓越的学者，热情~的优秀诗人，大勇的革命烈士。(《闻一多先生的说和做》)

劈 pī ①动 用刀斧等把东西纵着破开：~木头｜一~两半｜屠暴起，以刀~狼首。(《狼》)②动 竹木等裂开：

竹子~了|木板~了|钢笔尖摔~了。③动雷电击毁或击毙:雷~死了一棵树。④介正对着:~头盖脸|~胸只一提,丢翻在雪地上。(《林教头风雪山神庙》)

另见 pī。

坯 pī ①名砖瓦、陶瓷等制造过程中,用黏土等制成器物的形状,还没有放在窑里或炉里烧的半成品:砖~|~子。②名特指土坯,用模型制成的方形土块:打~|脱~。③名泛指某些东西的半成品:面~儿|酱~|子|毛~|~布。

※统读 pī,不读 pēi。

霹 pī [霹雳]pīlì 名来势迅猛,响声极大的急雷,通称霹雳、炸雷:这真是个晴天~。(《孟姜女》)

脾 pí 名人或高等动物贮藏血液的场所和最大的淋巴器官,具有过滤血液、破坏衰老的血细胞、调节血量和产生淋巴细胞等功能。也叫脾脏。

啤 pí 音译用字,用于啤酒(一种用大麦芽加啤酒花制成的低度酒)。

否 pǐ ①形坏,恶:~极泰来(坏的到了极点,好的就来了)|不择善~。②动贬损、贬低:臧~人物(评价人物的优劣)。

劈 pǐ ①动分开:把绳子~成两股。②动撕扯下来:~高粱叶子|~萝卜缨子。③动(把腿或手指等)最大限度地叉开:把两腿~开|弹琴时弹八度音要把手指尽力~开。

另见 pī。

僻 pì ①形冷落,偏远,离中心地区远:~巷|偏~|~静|荒~|穷乡~壤。②形不常见,罕用:生~|冷~|~字。③形性情古怪:孤~|怪~|乖~。

※统读 pì,不读 bèi。

屁 pì ①名从肛门排出的臭气:放~|~滚尿流。②名喻指不屑说或无价值的事物:~话|什么~文章|~大点儿的事不值一提。

譬 pì ①动比方:比喻:~如|~喻。②名用作比方或比喻的事物:设~|取~。

※统读 pì,不读 bǐ 或 pí。

扁 piān [扁舟]piānzhōu 名小船:一叶~顺流而下。

另见 biǎn(小学)。

朴 Piáo 名姓。

另见 pō,pò,pǔ(小学)。

频 pín ①形多次:~繁|老年人尿~。②副连续多次,屡次:捷报~传|~~招手。③名指频率。

聘 pìn ①动古代指天子与诸侯或诸侯与诸侯之间派使者访问:~问|~使往来。②动聘请:~用|招~|应~|~延|~解|~书|~他为总经理。③动定亲:~礼。④动嫁出:~姑娘。

萍 píng 名浮萍,一年生草本植物,浮生在水中:~踪|~水相逢|山河破碎风飘絮,身世浮沉雨打~。(《过零丁洋》)

冯 píng ①动不用船,徒步过河:暴虎~河。②古义同"凭",凭借,依靠。

另见 féng。

朴 pō [朴刀]pōdāo 名一种刀身狭长、有短柄的刀,双手使用:杨志提了朴刀……自去赶那担子。(《智取生辰纲》)

另见 piáo,pò,pǔ。

朴 pò 名朴树,落叶乔木,早春开花于新枝上,淡黄色,果实卵形或球形,黑色。木材可制作家具,树皮可造纸,也是人造棉的原料。

另见 piáo,pō,pǔ(小学)。

剖 pōu ①动破开,切开:~腹|~瓜|解~。②动分析,分辨:~析|~明事理|~白心迹。

仆 pū 动向前倒,泛指倒下:~倒|前~后继。

另见 pú。

仆 pú ①名仆人,雇到家里被使唤的人:~从|主~|~女~。②代古代男子对自己的谦称,多用于书信:~顷已抵京。③[仆仆]púpú 形形容旅途劳顿的样子:风尘~。

另见 pū。

菩 pú ①[菩萨]pú·sà 名佛教指修行到了一定程度、地位仅次于佛的人(梵语音译词"菩提萨埵"的略称)。②[菩提]pútí 佛教用语,指觉悟的境界。

圃 pǔ 名种植蔬菜、花草、树苗的园子:菜~|花~|苗~|开轩面场~,

把酒话桑麻。(《过故人庄》)

浦 pǔ ①名水边,也指小河汇入大河的地方或河流入海的地方,多用于地名:~口(在江苏省)|乍~(在浙江省)。②(Pǔ)名姓。

堡 pù 名同"铺",多用于地名:十里~|三十里~。

另见 bǎo(小学),bǔ。

暴 pù 动晒。现在通常写作"曝"(一~十寒|~晒)。

另见 bào(小学)。

Q

戚¹ qī ①形悲伤,忧愁:悲~|哀~|休~相关|言之貌若甚~者。(《捕蛇者说》)②(Qī)名姓。

戚² qī 名亲戚,亲属:~谊|外~|皇亲国~。

戚³ qī 名古代一种像斧的兵器:干~|干戈~扬。

※统读 qī,不读 qì。

柒 qī 数数字"七"的大写。

栖 qī ①动鸟类停留,歇宿:~息|鸡~于厅。(《项脊轩志》)②动居住,停留:~身|~止|厅旁一室,为吾与汝双~之所。(《与妻书》)

凄 qī ①形寒冷:风雨~~|~风苦雨。②形悲伤,悲苦:~切|~惨|~楚|~婉。③形寂寞,冷落:~凉|

清丨寂寥无人，~神寒骨。(《小石潭记》)

嘁 qī ①`拟声`形容小声说话声，多叠用：~~低语丨~~喳喳(形容细微杂乱的说话声音)。②[嘁哩喀喳]qī·likāchā `形`说话、做事干脆利落。

歧 qí ①`形`岔出的，由大路分出来的：~路丨~途。②`形`不相同，不一致：~义丨~视丨~异。

祈 qí ①`动`向神求请：~雨丨~福丨~年。②`动`请求，希望：~求丨~望丨~请丨敬~指导。

荠 qí [荸荠]bí·qí 见"荸"。
另见jì。

脐 qí ①`名`肚脐，腹部中间脐带脱落结疤形成的，略凹陷。②`名`螃蟹腹部的甲壳：尖~(雄蟹的脐)丨团~(雌蟹的脐)。

畦 qí `名`由土埂分隔开的排列整齐的小块田地：菜~丨~田丨~灌丨种了两~萝卜。

崎 qí ①`形`倾斜，高低不平。②[崎岖]qíqū `形`形容山路不平：~小路丨~不平。

鳍 qí `名`鱼类或其他水生脊椎动物的运动器官，由刺状的硬骨或软骨支撑薄膜构成。按生长的部位，可分为背鳍、臀鳍、胸鳍、尾鳍、腹鳍，具有调节运动速度、变换运动方向和护身的作用。

岂 qǐ `副`表示反问，相当于哪、怎么：~敢丨~止丨~有此理丨先生~有志于济物哉？(《中山狼传》)

企 qǐ ①`动`踮起脚后跟站着：~望丨~盼丨足~而待。②`动`希望，希求：~及丨~求丨~图。

稽 qǐ [稽首]qǐshǒu ①`名`古代一种跪拜礼，先跪下，叩头至地。主要用于臣对君。②`名`道士行的一种把一只手举到胸前的礼：两个道士上前打了个~。
另见jī。

迄 qì ①`动`到，至：自古~今。②`副`始终，一直：~未成功丨~无音信。

契 qì ①`动`用刀刻：~舟求剑。②`名`用刀刻的文字：殷~(甲骨文)丨书~。③`名`证明买卖、租赁、借贷、抵押等关系的合同、文书、字据等：房~丨地~丨约~丨据立~。④`动`心意相合：~合丨相~丨投~丨默~丨~友。

卡 qiǎ ①`动`东西夹在中间上不来下不去，不能活动：嗓子里~了一个鱼刺丨枪膛被弹壳~住了。②`名`夹东西的器具：发~丨皮带~。③`名`为收税或警备等而设置的岗哨或检查站：税~丨关~丨哨~。
另见kǎ。

谦 qiān `形`虚心，不自满：~虚丨~让丨~过丨自~丨~恭丨~和丨满招损，~受益。

签¹ qiān ①`动`在文件或单据上亲自写上姓名或画上记号：~字丨~名留念丨~到丨~押。②`动`简要地写出

签² qiān ①[名]占卜或赌博、比赛等用的上面刻着文字符号的小竹片或小棍：抽~|求~。②[名]尖端尖锐的细棍：竹~|牙~|毛衣~子。③[名]古代官府用作拘捕、惩罚犯人的凭证的竹木片：朱~|火~。④[名]作为标志的小条儿：邮~|书~。⑤[动]缝纫方法。粗略地缝合：裤子破个口子，得~两针。

黔¹ qián [形]黑色：~首（古代称老百姓）。

黔² Qián [名]贵州的别称：~剧|~驴。

谴 qiǎn ①[动]责备，斥责：~责。②[动]旧指官吏获罪降职：~谪(zhé)|获~。

纤 qiàn [名]拉船前行所用的绳子：拉~|~夫。
另见 xiān。

呛 qiāng [动]水或食物进入气管而引起咳嗽并突然喷出：慢些，别~了|一个浪头打来，他~了一口水。
另见 qiàng。

强 qiǎng ①[动]迫使，强迫：~人所难|少年固~之。(《促织》)②[形]勉强：~笑|~求|~辩|~牵~附会|不知以为知。
另见 jiàng, qiáng（小学）。

呛 qiàng [动]因刺激性的气体进入鼻、喉等器官而感到难以忍受：烟味儿~人|油烟直~嗓子。
另见 qiāng。

雀 qiāo [雀子]qiāo·zi [名]雀斑(què bān)。面部出现黄褐色或黑褐色细小斑点的皮肤病。
另见 qiǎo, què（小学）。

锹 qiāo [名]铁锹，挖土或铲东西的工具，略呈铲状，安有长木柄：铁~一把。

跷 qiāo ①[动]抬起腿，竖起指头：~着二郎腿（坐着时把一条腿放在另一条腿上)|~起大拇指。②[动]抬起脚后跟，用脚尖着地：~起脚来往教室里看。③[名]指高跷，传统戏曲、民间艺术中供表演者绑在脚上使用的有踏脚装置的木棍：踩着~扭秧歌。

乔¹ qiáo ①[形]高：~木|~迁。②(Qiáo)[名]姓。

乔² qiáo [动]装假：~装打扮。

侨 qiáo ①[动]寄居在外国（古代也指寄居在外乡）：~居|~民|~胞。②[名]寄居在国外保留本国国籍的人：华~|外~。

荞 qiáo [荞麦]qiáomài [名]一年生草本植物。茎绿中带红，叶子呈三角形，有长柄。子实磨成粉可以食用。

憔 qiáo [憔悴]qiáo cuì [形]形容人瘦弱，脸色不好看：面容~|她一天~一天。(《守财奴》)

悄 qiāo [形]寂静无声或声音很低：低声~语|~然无声。
另见 qiǎo（小学）。

雀 qiǎo 名方言义,同"雀(què)":家~儿。
另见 qiāo,què(小学)。

壳 qiào 名某些动物的外皮和某些植物果实外面的硬皮,泛指物体外面的硬皮:甲~|果~|外~|地~|金蝉脱~。
另见 ké(小学)。

窍 qiào ①名洞,孔穴:凿石为~|有大石当中流,可坐百人,空中而多~。(《石钟山记》)②名指人体器官的孔:七~(指耳、目、口、鼻的七个孔)|流血|一~不通(比喻什么也不懂)。③名喻指事情的关键或巧妙简便的方法:~门|~诀|~开~。

撬 qiào 动用棍棒等工具插入缝隙或孔隙中,然后用力扳(或压)另一头:~石头|~门|~锁。

窃 qiè ①动偷:偷~|行~|盗~|失~。②名偷东西的人,贼:惯~。③动抄袭:剽(piáo)~。④动用不正当的手段占据:~夺|~据|~国大盗|~取胜利果实。⑤副表示对自己意见的自谦:~闻|~以为不可|~为陛下惜之!(《信陵君窃符救赵》)⑥副偷偷地,暗中,私下里:~笑|~听。

怯 qiè ①动没有勇气,害怕:胆~|~懦|~场|~阵。②形土气,俗气:这身打扮有点~,不入时。③形北京人贬称外地口音:这人说话有点~,有口音。

钦 qīn ①动敬重,恭敬:~佩|~敬|~仰。②副封建时代指皇帝亲自(做):~定|~赐|~差。

芹 qín 名芹菜,一年或二年生草本植物,有特殊香味。茎和叶可以食用,全草和果实可做药材。

禽 qín ①名鸟兽的总称:五~戏(模仿虎、鹿、熊、猿、鸟的动作的健身运动)。②名鸟类:家~|飞~|猛~|~兽。

寝 qǐn ①动睡:~室|~具|废~忘食。②名寝室,古代指君王的宫室:就~|寿终正~。③名帝王陵墓的正殿:陵~。④动停止,平息:事~|兵~。

氢 qīng 名气体元素,符号 H。无色无臭无味,是已知元素最轻的。能燃烧,在化学工业上用途很广。液态氢可用作高能燃料。通称氢气。

卿 qīng ①名古代高级官名:~相|正~|上~|三公九~。②名古代君主对大臣的爱称:(孙权)执肃手曰:"~欲何言?"(《赤壁之战》)③名古时夫妻或好朋友之间的爱称:誓不相隔~,且暂还家去。(《孔雀东南飞》)④名古代对人的敬称:乃请荆~。(《荆轲刺秦王》)

顷 qǐng ①名很短的时间:~刻|少~|有~。②副刚才,刚刚:~闻|~接来信。

琼 qióng ①名美玉:~瑶。②名泛指精美的、美好的东西:~浆(美

酒)|～楼玉宇(华丽的房屋)。③(Qióng) 名 海南的别称:～剧。

龟 qiū [龟兹]Qiūcí 名 古代西域国名,在今新疆库车一带。
另见 guī(小学),jūn。

蚯 qiū [蚯蚓]qiūyǐn 名 寡毛纲环节动物的通称。生活在土壤里,能松土,粪便能肥田,有的种类可做药材。俗称曲蟮。

仇 Qiú 名 姓。

另见 chóu(小学)。
※"仇"作姓氏用时不读 chóu。

岖 qū [崎岖]qíqū,见"崎"。

蛆 qū 名 苍蝇的幼虫,身体柔软,有环节,白色,有的有长尾。孳(zī)生于粪便、动物尸体和垃圾等污物中。

娶 qǔ 动 把女子接到家里成婚,跟"嫁"相对:～妻|～亲|～媳妇|嫁～。

痊 quán 动 病好了,恢复健康:愈|病～。

瘸 qué 形 跛,脚腿有病,走路时一脚高一脚低,身体不能保持平衡:～子|～腿|把腿摔～了|一～一拐。

R

瓤 ráng ① 名 瓜类果实中与瓜子相包连的肉或瓣:红～|沙～|西瓜～|丝瓜～|～子。② 名 泛指某些皮或壳里包着的东西:秫秸～|信封里没有信～|枕头～儿。

壤 rǎng ① 名 疏松而适于种植的泥土:土～|沃～|红～。② 名 地:天～之别|霄～。③ 名 地区;疆域:接～|穷乡僻～。

攘 rǎng ① 动 排斥,抵御:～除奸邪|～外(抵御外侮)。② 动 捋(luō),捋起(袖子):～臂|～腕|～袖见素乎。③ 动 抢,偷:～夺|～为己有|有人日～其邻之鸡者。

刃 rèn ① 名 刀、剑等的锋利的部位,刀口:刀～|～利|迎～而解。② 名 指刀剑等:白～战|手持利～。③ 动 用刀杀:手～国贼|左右欲～相如。(《廉颇蔺相如列传》)

纫 rèn ① 动 把线穿进针孔:～针|～上根线。② 动 缝缀:缝～。③ 动 感佩不忘,深深感谢(多用书信):～佩|感～|～至高谊。

熔 róng 动 熔化,固体加热到一定温度变成液体:～炼|～铸|～点|～炉。

茸 róng ① 动 初生小草纤细柔软的样子:绿～～的草地。② 形 (毛、发等)浓密细软的样子:～毛。③ 名 鹿茸,雄鹿的嫩角,带茸毛,含血液,是珍贵的中药材:参～。

蓉 róng ① [芙蓉]fúróng 见"芙"。② 名 四川省成都市的别称:～城。

③[名]做糕点的馅(用瓜果、豆类等磨成的粉状物):椰~|莲~|豆~。

溶 róng [动]溶解,物质的分子均匀地分布在一种液体之中:~液|~剂|易~物质|食盐能~于水|油漆不~于水。

冗 rǒng ①[形]多余、闲散的:~词|~员|~长。②[形]烦琐,繁忙:~杂|~忙|繁~|~务缠身。③[名]繁忙的事:拨~(从繁忙中抽出时间)。

揉 róu [动]践踏,摧残:~践|~踏|~躏。

儒 rú ①[名]先秦时期以孔子为代表的儒家学派:~家|~术|~法之争。②[名]泛指读书的人:~生|鸿~|腐~|穷~|~医。

蠕 rú [动]像蚯蚓爬行那样行动:~动|~形动物(无脊椎动物的一大类,质柔软,没有骨骼和脚)。

辱 rǔ ①[名]名誉受损害,可耻的事:耻~|屈~|奇耻大~|心旷神怡,宠~皆忘。(《岳阳楼记》)②[动]使受到耻辱:丧权~国|侮~|凌~|我见相如,必~之。(《廉颇蔺相如列传》)③[动]玷污,辜负:~没|不~使命。④[副]谦辞,表示承蒙:~承|~承指教。

蕊 ruǐ [名]花蕊,种子植物的生殖器官,分雄蕊和雌蕊两种,雌蕊接受雄蕊的花粉后,长出果实。

瑞 ruì ①[形]吉祥的:~雨|~雪兆丰年。②[名]征兆,特指吉祥的征兆:祥~|~应。

闰 rùn ①[名]地球公转一周为一年,时间为365天5小时48分46秒,公历把一年定为365天,所余的时间约每四年积累成一天,加在二月里。农历把一年定为354天或355天,所余的时间约每三年积累成一个月,加在某一年里。历法中把这样的办法在历法上叫做闰:~年|~月。②(Rùn)[名]姓。

S

飒 sà ①[飒飒]sàsà [拟声]形容风声、雨声:秋风~|寒雨~|枯树湿~。②[飒爽]sàshuǎng [形]豪迈矫健的样子:英姿~。

塞 sài [名]可以作为屏障的险要之处:~北|边~|要~。

另见 sāi(小学)、sè。

叁 sān [数]数字"三"的大写。

散 sàn ①[动]分开,跟"聚"相对:~会|离~|失~|~伙|烟消云~|一哄而~。②[动]分发,分布:~发|~播|~布|传单|天女~花。③[动]排遣:~闷|~心。

另见 sǎn(小学)。

丧 sàng ①[动]失去,丢掉:~失|~尽天良|~家之犬。②[动]特指死去:~亡|~命|老年~子。③[动]失意,情绪低落:沮~|懊~|垂头~气。

另见 sāng(小学)。

搔 sāo 动 用爪或手指甲轻轻抓挠：~痒｜~首｜~头皮｜~头摸耳｜隔靴~痒。

※右半是蚤,不能写作蚤。

骚¹ sāo 动 扰乱,不安定：~乱｜~扰｜~动。

骚² sāo ①名 指屈原的代表作《离骚》,或模仿《离骚》文体的文章：~赋｜~体｜~人墨客。②名 泛指诗文：~人｜~客。

骚³ sāo 形 轻佻,放荡：风~｜~货(对举止轻佻的妇女的蔑称)。

臊 sāo 动 像尿或狐狸那样难闻的腥臭的气味：~气｜~臭｜腥~｜狐~｜又~又臭。

另见 sào。

嫂 sǎo ①名 哥哥的妻子：兄~｜~子｜大~｜表~。②名 跟自己年龄相仿的已婚妇女：张大~｜李大~。

扫 sào [扫帚] sào·zhou 名 比笤帚稍大的扫地用具,多用竹枝扎成：一把~。

另见 sǎo(小学)。

臊 sào ①动 害羞,难为情：害~｜没羞没~｜~得满脸通红。②[臊子] sào·zi 名 肉末,肉馅：~面。

另见 sāo。

塞 sè ①动 堵住,梗阻：阻~｜闭~｜茅~顿开｜堵~。②动 敷衍,应付：搪~｜敷衍~责。

另见 sāi(小学),sài。

涩 sè ①形 不滑润,摩擦时有阻力：滞~｜枯~｜两眼干~｜车轴发~。②形 一种味道,使舌头感到麻木、干燥的：苦~｜柿子发~。③形 文字不流畅,难读难懂：晦~｜艰~｜生~。

僧 sēng 名 "僧伽"(梵文 samg ha)的简称,俗称和尚；佛教徒中出家修行的男性佛教徒：~人｜俗~｜~尼(和尚和尼姑)｜落发为~｜多粥少。

杉 shā 义同"杉"(shān),用于口语,如杉木、杉篙(杉树类的树干去掉枝叶后制成的细而长的杆子,多用来撑船或做脚手架)。

另见 shān(小学)。

刹 shā 动 使车辆、机器等停止运行：把车~住｜~闸｜~车(其比喻义是指停止正在进行的工作)｜~住歪风邪气。

另见 chà(小学)。

砂 shā ①名 细碎的石粒：~子｜~布｜~纸｜~轮｜~岩。②名 像砂一样的东西：~糖｜矿~。③指朱砂：丹~｜吞金服~。

啥 shá 代 什么：~子｜干~｜~东西｜~时候了？要~有~。

煞 shà ①名 迷信指凶恶的神：凶神恶~｜满脸~气。②副 表示程度高,相当于"极"、"很"：脸色~白｜~费苦心。

另见 shā(小学)。

霎 shà ①名 极短的时间,片刻：一~时｜一~。②名 小雨：~雨。

筛¹ shāi ①[名]筛子,用竹条或铁丝编成的有许多小孔的器具,可以用来淘汰细碎的东西:~选|过~|~子。②[动]用筛子过东西:~糠|~米|~面粉|~沙子。③[动]比喻挑选:~选。④往杯子或碗里倒酒等:~酒。

筛² shāi [动]敲:~锣。

色 shǎi ①[名]颜色,用于口语:掉~|套~|上~|落~。②[色子]shǎi·zi [名]骰子,一种游戏或赌博用具。

另见 sè(小学)。

苫 shān [名]用草编成的或用席、布等覆盖或铺垫的用具:草~子|~布。

另见 shàn。

珊 shān [珊瑚]shānhú [名]许多珊瑚虫(海里的一种腔肠动物)的骨骼聚集而成的形状像树枝的东西,红、灰、白、黑色,鲜艳美观,可做装饰品及工艺品:红~|~岛|~礁。

栅 shān [栅极]shānjí [名]多极电子管中最靠近阴极的一个电极,有控制板极电流的强度、改变电子管的性能等作用。

另见 zhà(小学)。

掺 shān [动]拿,握:~手|~袂。

另见 càn, chān。

单 Shàn ①[名]单县,地名,在山东。②[名]姓。

另见 chán, dān(小学)。

扇 shàn ①[名]摇动生风取凉的用具:纸~|折~|团~。②[名]指起遮挡作用的板状或片状的东西:隔~|门~|窗~。③[量]用于门窗等片状器物:一~门|两~窗子。

另见 shān(小学)。

苫 shàn [动]用席、布等覆盖,遮蔽:房顶上~了一大块油布|用席把粮食~上。

另见 shān。

掸 Shàn ①[名]中国史书上对傣族的称呼。②[名]掸族,缅甸民族之一。

另见 dǎn。

擅 shàn ①[动]超越权限,自作主张:~离职守|~自决定。②[动]独揽,专有:~权|~国|~美。③[动]长于,善于,专长于某种技能或学术:~长|~辞令。

膳 shàn [名]饭食:用~|~食|御~|~费。

赡 shàn ①[动]供给,供养:~养父母。②[形]丰富,充足:丰~|富~|~足。

※赡的左边是"贝",不能写作"目"。

汤 shāng [汤汤]shāngshāng [形]水流大而急:浩浩~。

另见 tāng。

上 shǎng [名]上声,古汉语四声(平、上、去、入)中的第二声,现代汉语普通话四声中的第三声:阴平、阳平、~

声、去声。

另见 shàng(小学)。

捎 shāo 动顺便带东西或传话：~带｜~个口信儿。

另见 shào。

芍 sháo [芍药]sháo·yao 名多年生草本植物，花与牡丹相似，有多种颜色，大而美丽，可供观赏，根可入药。

捎 shào ①动牲畜或车辆稍向后退：把马车往后~一~。②动颜色减退：~色(shǎi)。

另见 shāo。

奢 shē ①形花费大量金钱，追求过分享受，跟"俭"相对：~侈｜~华｜穷~极欲｜骄~淫逸。②形过分的,过高的：~望｜~求｜~愿。

赊 shē 动买卖货物时缓期付款或收款：~欠｜~账｜~购｜~销。

舍 shè ①名房屋：宿~｜校~｜茅~。②名谦称自己的家：寒~｜~下｜~间。③形谦辞。用于对别人称自己的亲戚或辈分低年纪小的亲属：~弟｜~侄｜~妹｜~亲。④名饲养家畜的圈：猪~｜鸡~｜牛~。⑤量用于距离,古时行军三十里叫一舍：退避三~。

另见 shě(小学)。

赦 shè 动免罪,减轻刑罚：~罪｜~免｜大~｜~令｜~书｜十恶不~。

谁 shéi 又 shuí ①代指人的疑问代词,可指一个人,也可指几个人,相当于"什么人""哪个人""哪些人"：你是~？｜考上清华大学的都是~｜~的

书丢了？②代指不确定的人,相当于"某人""什么人"：~来过？｜我知道~出的主意｜教室里好像有~在低声说话。③代任何人：~也不知道该干什么｜不论是~都要学习知识｜准备好~发言。④代表示没有一个人,用于反问句：~不夸他能干！

申¹ shēn 动陈述,说明：~述｜~辩｜请｜重~｜三令五~。

申² Shēn ①名上海的别称。②名姓。

申³ shēn 名地支的第九位。

沈 shěn [沈阳]Shěnyáng ①名市名,在辽宁省。②(Shěn)名姓。

婶 shěn ①名叔父的妻子：~母｜~娘。②名称呼与父母同辈但年龄比较小的已婚妇女：大~｜李二~。

肾 shèn 名肾脏,俗称腰子。人和高等脊椎动物的泌尿排泄器官。人的肾形如扁豆,位于腰椎骨两旁,左右各一个,为脂肪组织所包围和衬托。

笙 shēng 名我国传统的一种簧管乐器,在锅形的座子上装有13-19根带簧的竹管和一根吹气管。现在改用24根带簧的竹管,演奏音域增宽。

甥 shēng ①名姐妹的子女：外~｜外~女。②名古指女儿的儿子,即外孙。③名古指女婿：~馆(女婿的居处)。

乘 shèng ①量古代指四匹马拉一辆车为一乘,相当于辆：兵车二百

~|千~之国。②名春秋时晋国的史书叫乘,后来泛指一般史书:史~|野~|稗(bài)~杂说。

另见chéng。

虱 shī 名虱子,虱目昆虫的统称。有500多种。寄生在人或某些哺乳动物身上,吸食血液,传染斑疹、伤寒、回归热等疾病。

什 shí ①数同"十",多用于分数或倍数:~一(十分之一)|~(十倍)则围之。②形各式各样的,混杂的:~物|~锦|家~。③名古代户籍编制。十家为什。④名古代兵制。步兵五人为伍,十人为什:~伍。

另见shén(小学)。

蚀 shí ①动虫子蛀坏东西:蛀~。②动由虫蛀物引申为损伤,亏缺:侵~|腐~|~本。③动旧同"食"(日、月亏损的现象):日~|月~。

矢¹ shǐ 名箭:弓~|流~|有的放~。

矢² shǐ 动发誓:~忠(宣誓效忠)|~志不渝|~口否认。

矢³ shǐ 古同"屎"。

屎 shǐ ①名粪,大便。②名从眼睛、耳朵等器官中分泌出来的东西:眼~|耳~。

恃 shì ①动倚仗,仗恃:有~无恐|~才傲物。②名母亲的代称,怙恃作父母的代称,母死称"失恃",父死称"失怙"。

嗜 shì 动特别喜欢,极端爱好:~学|~酒|~好|~杀成性。

誓 shì ①动表示决心按照约定或所说的去做:发~|~言|~约|~不罢休|~不两立|师大会。②名表决心所说的话:宣~|~言|~词|信|旦旦。

匙 shi [钥匙]yào·shi 名开锁的用具。

另见chí。

殖 shi [骨殖]gǔ·shi 名尸骨。

另见zhí(小学)。

售 shòu 动卖,卖出:出~|销~|零~|~货|票已~完。

殊 shū ①形不同的,有差别的:众寡悬~|~途同归。②形特别的,特出的:~勋|~遇|特~|~劳|~恩。③副很,极:~难预料|~为可惜|~感不安|恐惧~甚。④名死:~死斗争。⑤动断绝:折而未~。

梳 shū ①名梳子,理顺头发、胡子的用具:木~|~篦。②动用梳子整理头发:~头|~洗|~理|~辫子。

枢 shū ①名旧式的门轴:门~|流水不腐,户~不蠹。②名事物的关键部分:交通~纽|神经中~。③名旧时指中央行政机构或重要的职位:~要|~密。

淑 shū 形旧指女性品德美好善良:~人|~女|贤~。

秫 shú 名 黏高粱，也泛指高粱：~米｜~秸。

赎 shú ①动 用财物换回人身自由或抵押品：~金｜~身｜~当(dàng)｜把房子~回来。②动 用钱财或行动弥补、抵偿(罪过)：将功~罪。

数 shǔ ①动 计算，查点：~不清｜从一~到十｜~一~有多少人｜不可胜~｜屈指可~。②动 比较起来最突出的：~一~二｜~他知道得多｜同学中~他小。③动 责备，一一列举：~说｜~落｜历~｜如~家珍。

另见 shù(小学)，shuò。

薯 shǔ 名 块茎植物薯类的总称，块根、块茎可供食用：甘~｜马铃~｜木~｜~豆。

黍 shǔ 名 黍子，一年生草本植物，籽实淡黄色，去皮后叫黄米，性黏，可酿酒、做糕，是重要粮食作物之一。

蜀 Shǔ ①名 指三国时代的蜀国，公元 221－263 年，为刘备所建，故址在四川、云南、贵州等省及陕西省南部。建都于成都，后为魏所灭。②名 四川省的别称：~锦｜~绣。

曙 shǔ 名 天刚亮的时候：~光｜~色｜~月｜~星。

庶 shù ①形 众多：富~｜~务。②名 平民，百姓：~民｜~黎。③名 旧时指非正妻所生的子女，家族的旁支，跟"嫡"相对：~出｜~子｜杀嫡立~。④副 差不多：~免于难｜~几。

墅 shù 名 别墅，住宅以外供闲居游乐的园林式的房屋，一般建在郊外或风景区。②名 田野的草房：草~。

漱 shù ①动 含水洗口腔：~口｜洗~。②动 水冲刷而剥蚀：水~成沟。

耍 shuǎ ①动 游戏，玩：玩~｜~戏。②动 戏弄，玩弄：受人~弄｜大伙儿都被他~了｜从来不~笑别人。③动 舞动，表演：~刀弄棒｜~龙灯｜~棍。④动 卖弄，施展：~威风｜~手腕｜~滑头｜~嘴皮子｜~小聪明｜~笔杆子。

衰 shuāi 动 由强转弱：~弱｜~退｜~兴｜经久不~｜未老先~。

另见 cuī。

帅 shuài ①名 军队中的最高指挥官：元~｜统~｜将~。②形 英俊、潇洒，漂亮：小伙子真~｜字写得很~。③(Shuài)名 姓。

蟀 shuài [蟋蟀]xīshuài 见"蟋"。

栓 shuān ①名 器物上可以开关、拉动的机件：木~｜枪~｜消防~。②名 形状或作用像塞子的东西：血~｜瓶~｜~剂｜~塞。

涮 shuàn ①动 摆动着清洗，使器物或手脚干净：洗~｜~衣服｜~瓶子｜把碗筷~一~。②动 烹饪方法，把生肉片之类食物在沸汤中烫一下取出来蘸作料吃：~羊肉｜~锅子。③动

说 shuì 动 戏弄,欺骗:让人家给~了|说话得算数,别~人。劝说别人使他服从自己的意见:游~|~客。

另见 shuō(小学)。

税 shuì 名 国家依法向企业、集体或个人征收的货币或实物:~收|~金|~法|上~|纳~|捐~|偷~|漏~|所得~。

瞬 shùn ①动 一眨眼,眼珠转动:转~|~时|一~间|一~。②名 指一眨眼的工夫,极短的时间:~将结束|世界形势~息万变。

数 shuò 副 屡次,多次,表示动作行为频繁:频~|~见不鲜。

另见 shǔ,shù(小学)。

硕 shuò 形 大:丰~|肥~|~大|~果累累|~果仅存|~大无朋。

嘶 sī ①动 大声叫(多指马):人喊马~。②形 声音沙哑:~哑|~声~力竭。

伺 sì ①动 守候,等候:~机|~隙。②动 暗中观察,侦察:~敌|窥~|~探。

另见 cì。

颂 sòng ①动 赞美,赞扬:歌~|传~|~扬|赞~。②名 以颂扬为内容的诗文、歌曲:~词|祖国~|黄河~。③名 古代祭祀时用的舞曲歌辞:周~|鲁~|商~。④动 祝愿,多用于书信问候:敬~近安|顺~时祺。

讼 sòng ①动 打官司:诉~。②动 争辩是非:争~|辩~|聚~纷纭。

酥 sū ①名 从牛、羊奶里提炼出来的脂肪:~油|~酪。②名 指用面粉、油、糖等制成的含油多而松脆的点心:核桃~|杏仁~。③形 指食品松脆,松软:~脆|这点心很~|香~鸡。④形 软弱无力,发软:骨软筋~|浑身~软。

缩 sù [缩砂密]sùshāmì 名 多年生草本植物,果实呈长卵圆形,棕色。外壳叫"缩砂",果仁称"密",入中药名"砂仁",产于越南、缅甸、印尼等地。

另见 suō(小学)。

溯 sù ①动 逆流而上:~江而上。②动 寻找根源或回顾过去:~源|回~|追~|上~。

蒜 suàn 名 多年生草本植物,地下鳞茎由灰白或浅紫色的膜质外皮包裹,内有小鳞茎,即蒜瓣,味辣,有刺激性气味,用作调料,也可做药材。

尿 suī 名 小便,用于口语:撒了泡~|小孩尿(niào)了一泡~。

另见 niào(小学)。

遂 suí 动 义同"遂"(suì,称心,如愿),用于"半身不遂"。

另见 suì。

髓 suǐ ①名 骨头空腔中柔软的白色胶状物:骨~|敲骨吸~。②名 像髓一样的东西:脑~|牙~。③名 植物的茎或某些植物的根内,薄组织或厚壁组织构成的疏松的中心部分。④名 比

喻事物的精华部分:精~|~神~。

祟 suì 名 旧指鬼神给人带来的灾害,现借指不光明正大的行为,暗中搞鬼:作~|~祸|鬼鬼~~。

遂 suì ①动 称心,如愿:顺~|~心如意。②动 完成,成功:功成名~|未~|~政变。③副 就,于是:服药病愈~止。

另见 suí。

隧 suì 名 在地面下或在山腹里开凿成的通道:~道|~洞。

唆 suō 动 指使或怂恿别人去做坏事:~使|教~。

梭 suō 名 梭子,织布机上用来牵引纬线使它同经线交织的工具,形状像枣核:织布~|穿~|光阴似箭,日月如~。

嗦 suō ①[哆嗦]duō·suo,见"哆"。②[啰嗦]luōsuō 同"啰唆"。参见"啰"。

琐 suǒ ①形 零碎,细小:~事|烦~|~闻|~碎|~细|~屑。②形 卑微:猥~。

T

拓 tà 动 在刻铸有文字、图像的金石器物上蒙一层纸,捶打后使凹凸分明,然后在纸上涂墨,使器物上的文字、图像印在纸上:~本|~片|~印|把石碑上的文字~下来。

另见 tuò。

苔 tāi 名 舌苔,舌头表面上的油腻物质,是由上皮细胞、细菌、唾液和食物残渣等共同形成的。观察它的颜色、厚薄燥润等,能帮助中医诊断病情。

另见 tái(小学)。

汰 tài 动 去掉坏的或不合适的,留下好的或合适的:淘~|裁~|优胜劣~。

摊 tān ①动 铺开,展开:~开|两手一~|~了满桌画稿|和他~牌。②动 分担:分~|均~|~派。③名 流动售货处:摆~儿|地~儿|~贩|~位|书报~|水果~。④动 烹饪方法:~鸡蛋|~煎饼。⑤量 用于摊开的液体或糊状的东西:一~泥|一~血|一~水。⑥量 用于摆在面前的一些事情:一~事情。

瘫 tān ①动 瘫痪,由神经机能障碍引起肢体某一部分丧失活动能力的病:~子|风~|面~|偏~|李老师得了脑血栓,~在床上两年了。②动 肢体绵软无力,不能动弹:听到噩耗,他一下子~软在沙发上。

昙¹ tán 名 密布的云气,多云:彩~|~天|~~(形容乌云密布)。

昙² tán 名 昙花,植物名。即佛经中的优昙钵花,原产印度,一说墨西哥。叶狭长,花白色,多于夜间开放,花期极短,仅数小时就凋谢:~花一现(比喻事物像昙花那样一开放即迅速萎谢)。

谭 tán ①动 同"谈"：老生长~|天方夜~。现在通常写作"谈"。②(Tán)名 姓。

檀 tán 名 落叶乔木，有黄檀、青檀、紫檀等多种。木质坚硬，可做优质家具、建筑、乐器或其他器物。

袒 tǎn ①动 脱掉或敞开上衣，裸露出身体的一部分：~露|左~(露出左臂)|~胸露臂。②动 不公正地或无原则地偏向一方：偏~|~护。

碳 tàn 名 非金属元素，符号C。有三种同质异形体，即非晶质碳、石墨和金刚石。它是构成有机物的主要成分。在工农业生产及医药方面有广泛用处。

汤 tāng ①名 热水，开水：落~鸡|扬~止沸|赴~蹈火。②名 食物煮熟后所得的汁液或汁多菜少的菜肴：米~|肉~|三鲜~|绿豆~|四菜一~。③名 中药汤剂：~剂|柴胡~|六味地黄~。④名 指温泉：~泉|小~山(在北京)|~口(在安徽)。⑤(Tāng)名 姓。

另见 shāng。

趟 tāng ①动 从浅水里或草地里走过去，踩：~着水过河|在草原上~出一条路。②动 用犁等把土翻开，除去杂草或给苗培土：~地。

另见 tàng。

棠 táng 名 落叶乔木，梨果球形，木质坚硬，多用作嫁接梨树的砧木。枝、叶、果可做药材。有赤白两种。白棠又名甘棠、棠梨。

搪¹ táng ①动 抵挡：~风雨|~饥寒|歹徒抡棒打来，他用手一~，顺势把歹人踢倒了。②动 敷衍，对付：~账|~塞|~脱。

搪² táng 动 用泥或涂料均匀地涂抹在器物上：~瓷|~炉灶。

淌 tǎng 动 流出，流下：~汗|~眼泪|~血|~流。

趟¹ tàng ①名 行进的队列：赶不上~了。②量 用于成行的事物：半~街|再缝上一~。

趟² tàng ①量 往返走动的次数：去了一~南京|来过两~。②量 用于按一定次序运行的车：这~车开往天津|最后一~汽车。③量 用于成套的武术动作：练了一~剑|打了一~拳。

另见 tāng。

叨 tāo 动 谦辞，客套话，承受：~光|~教|~扰|~恩。

另见 dāo(小学)，dáo。

誊 téng 动 照原稿或底稿抄写：~写|~清|~录。

藤 téng ①名 指某些植物的匍匐茎、缠绕茎、卷须茎或攀援茎等：瓜~|葡萄~|牵牛~。②名 俗称"藤子"、"藤萝"，蔓生植物，有白藤、紫藤等。白藤茎细长柔韧，可编箱、篮、椅；紫藤可供观赏，其茎皮和花可入药。

剔 tī ①动 从骨头上把肉剔下来：~骨头|把排骨上的肉~干净。②

剔 动从孔洞或缝隙中挑出东西：~指甲｜~牙缝。③动挑出不好的：~除糟粕｜廉价出售的~庄货。

剃 tì 动用刀具刮去毛发：~头｜~胡子｜~光头。

屉 tì ①名桌子、橱柜等家具上的抽斗：抽~｜三~桌。②名竹、木、铁等制成的蒸食品用的炊具：笼~｜竹~｜~布｜~盖。③名某些床具或坐具上能自由取下的部分：床~｜棕~｜沙发~。

填 tián ①动垫平凹陷，补足空缺：~坑｜~上废井｜~海造田｜空补缺｜欲壑难~。②动按照项目或格式的要求往空格里写：~写｜~表｜~报｜~上姓名、住址。③动在雕有花纹的器物上加上颜色：~彩｜~漆。

恬 tián ①形安静：~静｜~适。②形不在乎，坦然：~不知耻｜~不为怪。③形不重名利，淡泊：~淡为生，怡然自乐。

舔 tiǎn 动用舌头接触、沾取或擦拭：~碗｜~嘴唇｜小猫在~食牛奶｜~掉嘴角的饭粒。

笤 tiáo [笤帚]tiáo·zhou 名扫除尘土等的用具，用高粱穗、黍子穗、棕丝等制成，比扫帚小。

帖 tiē ①形安定，合适：妥~｜熨~。②动顺从：服~｜俯首~耳。③动同"贴"：对镜~花黄。（《木兰诗》）

另见 tiě, tiè。

帖 tiě ①名请客的通知：请~｜下~子。②名写着简短文字的纸片：柬~｜名~儿｜字~儿（便条）。③名旧时官府的公文、文书：军~｜府~。④量指中药的方剂：一~药。

另见 tiē, tiè。

帖 tiè ①名写字、画画时临摹的样本：字~｜画~｜碑~。②名旧称写在丝织物上的标签，即现在的书~。

另见 tiē, tiě。

廷 tíng ①名君主接受朝见，办理军政大事和发布命令的地方：宫~｜朝~｜~试｜~对。②名指以帝王为首的最高统治机构：清~（清朝政府）。

彤 tóng 形红色：~云｜~霞｜红~。

瞳 tóng 名瞳孔，也叫瞳仁、瞳人，眼球中央的小圆孔，能随光线的强弱缩小或放大。

捅 tǒng ①动戳，扎：~了一个窟窿｜~马蜂窝｜把窗纸~破了。②动碰，触动：~他一下｜别~他的痛处。③动戳穿，揭露：把问题彻底~出来。

同 tòng [胡同]hú·tòng 名巷子，小街巷：小~里住了十几户人家｜死~。

另见 tóng（小学）。

通 tòng 量用于动作，相当于"阵"、"顿"等：闹了一~气｜挨了一~打｜擂了三~鼓。

另见 tōng（小学）。

凸 tū [形] 四周低，中间高，跟"凹"相对：~出|起~|凹~不平|~透镜|眼球~出|挺胸~肚。

吐 tù ①[动] 东西从嘴里呕出：呕~|~血|上~下泻|又~又泻。②[动] 比喻被迫退还侵吞的财物：贪污的赃款一定要~出来。
另见 tǔ（小学）。

颓 tuí ①[动] 倒塌，坍塌：~垣断壁（形容衰微破败的样子）。②[动] 衰落，败坏：倾~|败~|衰~|风败俗。③[形] 消沉，萎靡：~丧|~靡|~废。

蜕 tuì ①[动] 蛇、蝉等脱皮：~皮。②[名] 蛇、蝉等脱下的皮：蛇~|蝉~|蚕~。③[动] 指鸟脱去旧毛，长出新毛：旧毛还没~尽，新毛开始生出。④[动] 喻指人或事物向坏的方面发生根本变化或变质：~变|~化。

煺 tuì [动] 把宰好的鸡、鸭、猪等用开水烫后去掉毛：~鸡毛|~鸭毛|~猪毛。

褪 tuì ①[动] 脱去衣装：那些小孩儿早已~下了冬衣。②[动] 颜色由深变浅或消失：衣裳~色了|颜色早已~尽。③[动] 鸟兽脱毛：~毛|老母鸡~毛了。
另见 tùn。

囤 tún [动] 储存，积贮：~积|~粮|~货|~积居奇。
另见 dùn。

褪 tùn ①[动] 使身体的某部分跟套着它的东西脱离：~套儿|把袖子~

下来|~下手镯。②[动] 后退：待趋前，还~后。
另见 tuì。

驮 tuó [动] 用背负载：~运|马背上~着两袋粮食|老师~着最小的学生过河。
另见 duò。

鸵 tuó [名] 鸵鸟，现代鸟类中最大的一种，头小，颈长，雄鸟体高约三米。两翼退化，翅较短，不能飞，腿长，善走。产于非洲和阿拉伯沙漠地带。

妥 tuǒ ①[形] 稳当，合适：稳~|~当|~善|欠~|~为安置。②[形] 完备，停当：事已办~|价钱谈~了。

椭 tuǒ [形] 长圆形：~圆（把一个圆柱体或正圆柱体斜着截开，所形成的截口就是椭圆形）。

拓 tuò [动] 开辟，扩充：~展|~宽|~荒|开~。
另见 tà。

唾 tuò ①[名] 口水：~沫|~液|~腺。②[动] 啐，用力吐口水：~了一口唾沫|~手可得。③[动] 吐唾沫，表示鄙视，鄙弃：~弃|~骂。

W

瓦 wà [动] 往屋顶上铺瓦：房顶~好了|~刀（瓦工用作砍断砖瓦、涂抹泥灰的铁制工具，因形状像刀而得名）。
另见 wǎ（小学）。

挽¹ wǎn ①动拉,牵:~弓|手~着手|~车。②名指挽歌,古时牵引灵柩的人哀悼死者唱的歌。③动哀悼死者:~联|~诗。④动想办法使局势好转:~回|~救|~回败局|力~狂澜。

挽² wǎn 通"绾(wǎn)",编结,盘绕:把头发~起来。

惋 wǎn 动表示同情,痛惜,遗憾:~惜|~伤|~恨|~叹。

婉 wǎn ①形温和,柔顺:~顺|柔~|温~|~和~。②形言语委婉和含蓄:~谢|~转|~辞|~拒|~言相告。

腕 wàn ①名人的手掌和前臂之间或脚和小腿之间相连接的部分,可以活动:手~|脚~。②名某些低等动物口附近的伸长物,用来捕食和运动:~足|口~。

枉 wǎng ①形弯曲,不正直:矫~必须过正。②动使歪曲不正:~法|徇私贪赃~法。③形冤屈,受屈:冤~|~屈。④动屈就:~顾。⑤副徒然,白白地:~然|~费心机。

薇 wēi ①名野豌豆的古称。多年生草本植物,蔓生,花色紫红,种子和嫩苗可食用,叶可做药。也叫巢菜。②[蔷薇]qiángwēi 名落叶灌木,茎上有刺,夏初开花,有红、黄、白多种颜色,味芳香。果、花、根等都可以做药材。

桅 wéi 名船上的桅杆,可用来挂帆、悬挂信号、旗帜、装天线等的长杆:船~|~顶|~灯|~樯(qiáng)。

纬 wěi ①名编织物上横向的线或纱,跟"经"相对:~纱|~线。②名地理学上假定的与赤道平行的线,赤道以北的称北纬,以南的称南纬:~度|北~|南~。③名汉代以神学迷信附会儒家经义的一类书:易~|书~。

畏 wèi ①动惧怕:~惧|~难|望而生~|不~强暴|无私无~。②动敬佩,心服:~服|敬~|后生可~|~首~尾。

尉 wèi ①名军衔名,在校官之下士之上:~官|准~|少~|中~|上~|大~。②名古代官名(多为武职):太~|~将|~都|~县。③名(Wèi)姓。

猬 wèi 名刺猬,哺乳动物,体肥肢短,爪弯而锐利,身上长有硬刺,遇敌时能蜷曲成球,用刺保护身体。吃昆虫、蛇、鼠等,对农业有益。

蔚 wèi ①形(草木)茂盛。②动聚集;荟萃:~为大观。③形(云气)弥漫,兴盛:云蒸霞~。
另见 yù。

瘟 wēn ①名中医指流行性急性传染病:~疫|春~|鸡~|猪~。②形指戏曲表演沉闷乏味:这出戏情节松散,人物也~|这出戏不~不火,恰到好处。

紊 wěn 形 纷乱,杂乱:~乱|有条不~。

※统读wěn,不读wèn。

瓮 wèng ①名 一种腹部大而口小的陶制容器:酒~|水~|~中捉鳖。②形 形容粗厚低沉的声气:~声~气。

涡 wō ①名 回旋的水流:旋~|水~。②名 指形状像旋涡的东西:酒~儿|~轮机。

另见 guō。

蜗 wō 名 蜗牛,软体动物,种类很多。头部有两对触角,腹面有扁平的脚。壳略呈扁圆形、球形或椭圆形,有螺旋纹,吃植物嫩叶,危害农作物。有的品种可食用,可以做药材。

沃 wò ①动 浇,灌溉:~田|~灌|如汤~雪|血~中原。②形 土质肥:~土|肥~|~野千里。

呜 wū 拟声 形容汽笛声、风声、啼哭声:汽笛~~地响着|~的一声,火车飞驰而去|狂风~~地刮着|小孩~~啼哭。

巫 wū ①名 指装神弄鬼,替人祈祷来消灾除病为职业的人:~祝|~师|~婆|~神|~术|小~见大~。②(Wū)名 姓。

诬 wū 动 无中生有地捏造事实,冤枉别人:~告|~赖|~陷|~蔑|~良为盗。

蜈 wú [蜈蚣]wú·gōng 名 节肢动物,体细长而扁,分21节,每节有脚一对,头部的脚像钩子,能分泌毒液

捕食小昆虫,干燥的全虫可以做药材。

鹉 wǔ [鹦鹉]yīngwǔ 见"鹦"。

勿 wù 副 不要,别,表示禁止或劝阻:请~吸烟|施工重地,请~入内|切~动手|己所不欲,~施于人。

坞 wù ①名 防守用的小城堡:筑~自守。②名 四周高而中间凹的地方:花~|竹~|山~。③名 停船的港湾,建在水边的修造船只的场所:船~。

晤 wù 动 见面,相遇:~面|~谈|~语|会~|来访未~。

X

锡¹ xī 名 金属元素,符号Sn。有白锡、灰锡和脆锡三种同质多象变体。最常见的白锡为银白色,富有延展性,在空气中不易起变化,多用来制造低熔合金、青铜,也用于镀铁及焊接金属。

锡² xī 动 赐给,赏赐:"永~难老"。(《难老泉》)

锡³ xī [锡伯族]Xībózú 名 我国少数民族之一,分布在新疆、辽宁和黑龙江等地。

※"锡"字统读xī,不读xí。右边是"易",不要写"易"。

昔 xī 名 从前,过去:~日(往日)|~年(往年)|今非~比|今胜于~|虎踞龙盘今胜~。(《七律·人民解放军占

领南京》）

※统读 xī，不读 xí。

犀 xī ①名 哺乳类犀科动物的统称。形状略像牛，四肢粗大，皮粗而厚，毛稀少，微黑色，鼻子上有一只或两只角，产于亚洲和非洲的热带森林里，通称犀牛。~牛。②形 坚利尖锐，原指武器，也指言辞、眼光：~利｜甲｜词锋~利｜操吴戈兮被~甲。（《国殇》）｜他的深刻的思想时时散发出~利的光彩。（《琐忆》）

熙 xī ①形 光明：~天曜（yào）日。②形 欢喜，和乐：~~而乐。③[熙熙攘攘]xīxīrǎngrǎng 形 形容来往的人很多，非常喧闹拥挤。

※熙的上面是臣和巳，不是臣和已或已。

嬉 xī 动 游戏，玩耍：~笑｜~戏｜业精于勤荒于~。（《进学解》）

蟋 xī [蟋蟀]xīshuài 名 蟋蟀科昆虫的统称。身体黑褐色，后腿粗而有力，善于跳跃，尾部有一对尾须。雄的善斗，两翅摩擦能发声。吃植物的根、茎和种子，危害农作物。也叫促织，北方俗称蛐蛐儿。

媳 xí ①名 儿子的妻子：儿~。②名 弟弟或晚辈亲属的妻子：弟~｜侄~｜孙~妇。

铣 xǐ 动 用能旋转的圆形多刃刀具加工金属工件：~床｜~工。

另见 xiǎn。

徙 xǐ ①动 迁移：迁~。②动 搬动：~居。

※右边是走，不要写成"徒"。

侠 xiá ①形 勇武豪迈，舍己救人：~义｜~骨｜~客｜肝义胆。②名 勇敢而能见义勇为、扶弱抑强的人：武~｜~剑｜~女。

辖 xiá ①名 旧式大车车头上的铁插销，用来管住车轮，不使脱落：车~。②动 管理：统~｜管~｜直~｜~区。

厦 xià [厦门]Xiàmén 名 市名，在福建省，是中国经济特区之一。

另见 shà（小学）。

纤 xiān ①形 细小，细微：~细｜~尘｜~维｜~弱。②名 指纤维：化~。

另见 qiàn。

锨 xiān 名 铲东西或挖土用的工具：木~｜铁~｜一把~。

贤 xián ①形 有德有才的，品德高尚的：~人｜~才｜~臣｜~明。②名 有德有才能的人，品德高尚的人：圣~｜先~｜~达。③形 敬辞。称自己的平辈或晚辈：~弟｜~婿｜~侄。

咸₁ xián 副 相当于全，都：老少~宜｜少长~集｜~受其益。

咸₂ xián 形 像盐那样的味道：~菜｜不~不淡｜菜里少放点盐，别太~了。

涎 xián 名 口水，唾液：~水｜垂~三尺｜馋~欲滴｜~皮赖脸。

※统读 xián，不读 yán。

洗 Xiǎn 名 姓。原本即"冼 xiǎn"字。

铣 xiǎn [铣铁]xiǎntiě 名 有光泽的金属，铸铁，生铁。
另见 xǐ。

馅 xiàn ①名 包在面食、糕点等食物里头的肉、菜、糖料等，通常称馅儿：肉~|饺子~|豆沙~|包子~。②名 喻指内情：露~儿了。
※"馅"的右边是"臽"，不要写成"舀"。

羡 xiàn ①动 爱慕，因喜爱而希望得到：~慕|欣~|惊~。②形 多余，盈余：~余|~财。

腺 xiàn 名 生物体内具有分泌功能的上皮细胞群，存在于器官里面，或独立构成一个器官：汗~|泪~|腮~|胰~|唾液~。

厢 xiāng ①名 正房两旁的房屋：~房|东~房|西~房。②名 类似房子那样分隔间的地方：车~|包~。③名 靠近城一带的地方：城~|关~。④名 边，旁：这~|两~|那边~|一~情愿。

湘 Xiāng ①名 湖南的别称：~绣|~剧|~竹。②名 湘江，水名，源于广西，流经湖南，入洞庭湖。

项 xiàng ①名 事物的种类或条目：~目|事~|义~|分条逐~。②名 特指钱，款项：进~|用~|欠~。③

名 颈的后部：颈~|~链|~圈|强~。④量 用于分门列项的事物：一~任务|三~开支|条例共有八~。⑤（Xiàng）名 姓。

巷 xiàng 名 小街道，胡同，里弄：大街小~|街道~尾|~战。
另见 hàng。

相¹ xiàng ①名 容貌，人的外表：~貌|~扮|~长|~聪明|~凶|毕露~。②动 察看：~马|~面|~机而动|人不可貌~。③名 物体的外观：月~|星~|真~。④名 物理学术语。

相² xiàng ①动 辅助：~礼|吉人天~。②名 古代辅佐君王的最高级官吏：~国|~宰|~丞。③名 某些国家对中央政府首脑和部长的称呼：外~|首~。④名 旧指帮助主人接待宾客或赞礼的人：傧(bīn)~。
另见 xiāng(小学)。

橡 xiàng ①名 橡树：~栗|~实。②[橡胶树]xiàngjiāoshù 名 常绿乔木，树内乳汁含胶质可制橡胶，是最主要的产橡胶的树种。

削 xiāo ①动 用刀斜着切去物体的表层：~梨|~面|~铅笔|刮~|切~。②动 平而略斜地击球：~球。
另见 xuē(小学)。

宵 xiāo 名 夜：通~|春~|~禁。

销¹ xiāo ①动 熔化金属：~金|~毁|~熔。②动 出售，卖出：~

售丨畅～丨供～。③动除去,消除:注～丨～案丨一笔勾～。④动消费,耗费:开～丨报～丨花～。

销² xiāo ①名销子,插在器物中起连接或固定作用的像钉子似的东西:插～丨～钉。②动插上销子:～上门丨把门窗～牢。

肖 Xiāo ①名姓。②译音用字:～邦。
另见 xiào。

萧 xiāo ①名草名,即艾蒿,可入药。②形冷落,衰败,没有生气:～衰丨～索丨～条丨～然。③(Xiāo)名姓。
※"萧"字作为姓,不能简化为"肖"。

硝 xiāo ①名硝石、芒硝、朴硝等矿物盐的统称。可制炸药、化肥等。②动用朴硝、芒硝加黄米面糅(róu)制毛皮,使皮板柔软:～皮子。

箫 xiāo ①名管乐器,古代多用一组长短不等的竹管编排而成,现代叫排箫。②名用一根竹管做的乐器,叫洞箫:～管丨～鼓丨～笙。

嚣 xiāo ①动喧哗,嘈杂:叫～丨喧～丨～尘。②形放肆,猖狂:～张。

淆 xiáo 形混杂,搅混:～杂丨混～丨～乱。
※统读 xiáo,不读 yáo。

孝 xiào ①动恭顺并尽心奉养父母:～敬丨～顺丨～心丨～子。②名居丧和居丧的事:守～丨～幔丨吊～。③

名孝服,居丧期间穿的白色布衣或麻衣:～衣丨穿～丨披麻戴～。

肖 xiào 动像,相似:～类丨酷～丨形容毕～丨惟妙惟～丨～像丨不～之子。
另见 xiāo。

哮 xiào ①动野兽怒吼,吼叫:咆～丨狮虎吼～。②名急促喘气的声音:～喘。
※统读 xiào,不读 xiāo。

楔 xiē ①名插在木器榫子缝里的木片或钉在墙上的橛子:木～丨竹～。②动插入。

蝎 xiē 名蝎子,节肢动物,胎生,多为黄褐色。头、胸部短,有一对螯肢和四对步足,后腹狭长,末端有毒钩,能蛰人。有的种可入药。

叶 xié 动通"协",是"协"的古字,和谐,相合:～韵丨～句。
另见 yè(小学)。

邪 xié ①形不正当,不正派:～路丨～说丨～念丨～财丨奸～丨不压正丨改～归正。②名中医指引起一切疾病的外界因素:风～丨寒～丨瘟～丨扶正祛～。③名妖异怪诞的事:妖～丨魔～丨～教丨中～丨～术。
另见 yé。

携 xié ①动带,带领:～款丨～枪丨～眷丨扶老～幼。②动拉着:～手。
※统读 xié,不读 xī 或 xí。

挟 xié ①动用胳膊夹住:～带丨～山超海。②动威胁,强迫人服从:～

持|要~|~制。③[动]心里怀着(多为不满、怨恨):~恨|~怨|~嫌报复。

谐 xié ①[形]配合得当:~调|和~。②[形]滑稽,风趣:诙~|亦庄亦~。③[形]事情办妥:事~。

血 xiě [名]义同"血"(xuè),用于口语,多单用:流~|鸡~|吐~|吐了许多~|~糊糊。

另见 xuè(小学)。

卸 xiè ①[动]解除,推开:~肩|~职|推~|~责。②[动]把东西从车或船上搬下来:~货|~车|~船。③[动]拆下来,脱去:拆~|~妆|拆~机器零件。

※"卸"字左边是"𠂉",不是缶;右边是"卩",不是阝。

解 xiè ①地名用字:~池(湖名,在山西省)|~州(地名在山西省)。②(Xiè)[名]姓。

另见 jiě(小学)。

懈 xiè [形]松弛,不紧张:松~|~怠|坚持不~。

蟹 xiè [名]螃蟹:~黄|~粉|~青。

薪 xīn ①[名]作燃料用的柴火:采~|釜底抽~|卧~尝胆。②[名]工资:发~|加~|~工|~阶层。

芯 xīn ①[名]油灯上点火用的灯草、纱线等:灯~。②灯心草茎中的髓,白色,可做油灯的灯心,通称灯草。

另见 xìn。

锌 xīn [名]金属元素,符号 Zn。浅蓝白色结晶,质地脆,在潮湿空气中易氧化并形成白色保护层。用于制合金、镀铁板等。

芯 xìn [芯子]xìn·zi ①[名]装在器物中心的捻子,如蜡烛的捻子、爆竹的引线等:蜡~|爆竹~。②[名]蛇、蝎晰的舌头,也作信子:蛇~。

另见 xīn。

衅 xìn ①[名]嫌隙,争端:~端|挑~。②[名]血祭,古代用牲血涂抹器物的祭祀:~钟|~鼓。

腥 xīng ①[名]鱼虾等难闻的气味:~臭|~臊|~味|血~|鱼~。②[名]鱼、肉一类的食品:荤~。

邢 Xíng ①[邢台]Xíngtái [名]市名,在河北省。②[名]姓。

省 xǐng ①[动]看望父母,尊亲:~亲|~视|归~。②[动]察看,视察:~视边防|~察民情。③[动]检查:反~|自~|内~。④[动]醒悟,明白:悟~|猛~|不~人事|发人深~。

另见 shěng(小学)。

匈 xiōng [匈奴]Xiōngnú [名]我国古代北方的民族。

朽 xiǔ ①[动]腐烂:~木|~烂|腐~。②[动]磨灭,消失:不~。③[形]衰老:老~|~衰。

宿 xiǔ [量]用于计算夜,一夜叫一宿:谈了半~|住了一~。

另见 sù(小学),xiù。

臭 xiù ①[名]气味:乳~未干|无声无~|空气是无色无~的气体。②[动]同"嗅"。

另见 chòu(小学)。

宿 xiù [名]我国古代天文学家把天上的某些星群叫宿:二十八~(东方的角、亢、氐、房、心、尾、箕叫苍龙七宿,北方的斗、牛、女、虚、危、室、壁叫玄武七宿,西方的奎、娄、胃、昴、毕、觜、参叫北虎七宿,南方的井、鬼、柳、星、张、翼、轸叫朱雀七宿)。

另见 sù(小学),xiū。

※作此义时,不读 sù。

嗅 xiù [动]闻,用鼻子辨别气味:用鼻子一~|~觉|~神经|~到了春天的气息。

吁 xū ①[叹]表示惊异、疑惧等语气:~,是何言与!|何其怪哉②[动]叹息:长~短叹。③[吁吁]xūxū[拟声]形容喘气声:气喘~~。

另见 yū,yù。

叙 xù ①[动]说,谈:~说|~家常|闲言少~。②[动]记述:记~|平铺直~|~事。③[动]评议等级次第:~功|~奖|诠~。④[名]秩序。

畜 xù [动]饲养动物:~牧|~养|~产。

另见 chù(小学)。

※"畜"字表示动作时不读 chù。

絮 xù ①[名]棉花的纤维:棉~|败~。②[名]像棉絮的轻柔容易飞扬的东西:柳~|芦~。③[动]做衣、被时在里面铺入棉花或丝绵等:~棉袄|棉裤没~匀|~被子。④[形]啰唆,重复:~烦|~叨。

旭 xù [名]初出来的太阳:~日|朝~。

恤 xù ①[动]怜悯:怜~|体~|怜贫~老。②[动]救济,周济:~贫|抚~|抚~金。

※"恤"字不能读"血"。

酗 xù [动]没有节制地喝酒;喝醉后撒酒疯,言行失常:~酒|~酒滋事。

※"酗"不能读"凶"。

婿 xù ①[名]女儿的丈夫:乘龙快~。②[名]丈夫:夫~|妹~。

轩 xuān ①[形]高:~昂|~敞(高大宽敞)|~然大波。②[名]古代一种前顶高有帷幕的车:~车。③[名]有窗的长廊或小屋:东~|明~|怡红~|来今雨~。

玄 xuán ①[形]深奥:~妙|~理|~机|~之又~。②[形]不真实,不可靠:~乎|故弄~虚。③[形]黑:~狐|~青|~鸟。

漩 xuán [名]水流回旋,形成的水涡:~旋|溪水打着~儿向下流。

癣 xuǎn [名]由霉菌感染引起的某些皮肤病的统称:头~|脚~|牛皮~。

※统读 xuǎn,不读 xiǎn。

券 xuàn 名 拱券,门窗、桥梁等建筑物上成弧形的部分:~门|起~|打~。
另见 quàn(小学)。
※"券"的下面是"刀",不是"力"。

炫 xuàn ①动 光亮耀眼:~目。②动 夸耀:~耀|自~|~弄|~示。

薛 Xuē 名 姓。

勋 xūn ①名 大功劳:功~|~劳|奇~。②名 勋章:授~。

熏 xūn ①动 烟、气等接触、沾染物体,使变颜色或沾上气味:~蚊子|墙~黑了|臭气~天。②动 烹饪方法。用烟火、香料熏制食品,使其有某种特殊味道。也指熏制的食品:~鸡|~肉|~鱼。③动 感染、影响:~陶|~染。④形 和暖:~风。
另见 xùn。

巡 xún ①动 往来查看,巡视:~夜|~哨|~诊。②量 遍,周,用于给全酒宴上所有客人斟酒的次数:酒过三~。

训 xùn ①动 教导,告诫:~导|教~|告~|~话。②名 可作为准则、典范的话:家~|遗~|校~|不足为~。③动 解释词义:~释|~诂。④动 教练:~练|军~|集~|轮~|培~|整~。

汛 xùn ①名 江河季节性定期涨水的现象:~期|防~|秋~|春~|冬

~凌~|桃~。②名 某些鱼类在一定时期成群出现在一定水域的现象:鱼~。

逊 xùn ①动 让出,退避:~位|~国。②形 谦让,恭顺:谦~|出言不~。③动 有差距,比不上:稍~一筹|毫不~色|唐宗宋祖,稍~风骚。(《沁园春·雪》)

殉 xùn ①动 殉葬,古代用人或物陪葬:~葬。②动 为了一定的目的或追求某种理想而牺牲生命:~国|~节|~难|~职|~情|~财|~名。

熏 xùn 动(煤气)使人中毒窒息:让煤气~着了。
另见 xūn。

Y

哑 yā 同"呀"①[哑哑]yāyā 拟声 也作呀呀,模拟幼儿学话或乌鸦叫的声音:~~学话|乌鸦~~的一声飞去了。②[咿哑]yīyā 拟声 也作咿呀,模拟幼儿学话或划桨的声音:两桨~~过船坞。
另见 yǎ(小学)。

衙 yá 名 旧时官员办公的地方:~门|~役|官~|县~。

压 yà [压根儿]yàgēnr 副 方言义,从来,根本(多用于否定式):问题~没解决。
另见 yā(小学)。

咽 yān 名 咽头,在鼻腔和口腔的后方,喉腔的上部,主要由肌肉和黏膜构成,分鼻咽、口咽、喉咽三部分。

另见 yàn,yè(小学)。

燕 Yān ①名周代诸侯国名,战国七雄之一,故址在今河北省北部、辽宁省西南部。②名指河北省北部一带。③名姓。

另见 yàn(小学)。

殷 yān 形颜色红中带黑,黑红色:血迹~~|~红的血迹。

另见 yīn,yǐn。

腌 yān 动用盐、糖等浸渍食物:~肉|~黄瓜。

另见 ā。

铅 yán 名铅山,地名,在江西省。

另见 qiān(小学)。

※用作地名时读 yán,不读 qiān。

阎 yán ①名指古代里巷的门,也指里巷。②(Yán)名姓。

※阎不能简化为闫,阎和闫是两个姓。

奄 yǎn ①动覆盖,包住:~有四方。②副忽然,突然:~忽|~然|~一息。

衍 yǎn ①形水溢出、水流通畅。②形延长:蔓~|繁~。③形多余的:~文(多余的字句)④动推广,发挥:敷~|推~。

咽 yàn 动吞下,使食物等通过咽喉进入食道:吞~|狼吞虎~|细嚼慢~|话说了一半又~回去了。

另见 yān,yè(小学)。

唁 yàn 动吊丧,对死者的家属表示慰问:~电|~函|吊~。

谚 yàn 名指谚语,在民间流传的固定语句,多用通俗易懂的话表达出某种经验或深刻的道理:农~|民~。

堰 yàn 名较低的拦河坝、堵水的堤坝:都江~(在四川)|围~。

鸯 yāng [鸳鸯]yuān·yāng见"鸳"。

氧 yǎng 名通称氧气,气体元素,符号O。无色无臭,能助燃,化学性质很活泼,是人和动植物呼吸所必需的气体。在冶金、化工和医疗中用途很广。

妖¹ yāo ①名神话传说或童话中所说的害人的怪物:~怪|~魔|精~|蛇~|~魔鬼怪。②形邪恶的、荒诞的、蛊惑人心的:~术|~道|~言|~气。

妖² yāo ①形艳丽,妩媚:~娆。②形过分艳丽,言行不严肃,不正派:~冶|~艳|~里~气。

夭¹ yāo 动早死,未成年而死:~亡|~逝|~折|~寿。

夭² yāo 形茂盛:繁杏~桃|~桃秾李。

吆 yāo 动大声叫喊:~喝|~三喝四|~五喝六。

侥 yáo [僬侥]jiāoyáo名古代传说中的矮人。

另见 jiǎo。

肴 yáo 名做熟的鸡鸭鱼肉等荤菜:菜~|酒~|美味佳~。

姚 Yáo 名姓。

钥 yào [钥匙] yào·shi 名 开锁的用具：一把~|开一把锁。
另见 yuè。

疟 yào [疟子] yào·zi 名 疟(nüè)疾的俗称：发~子。
另见 nüè。

掖 yē 动 塞进，把东西塞进衣袋或缝隙里：把钱~在兜里|把被子~一~|~在书包里|身上~着枪|你把钱~在哪儿了？
另见 yè。

邪 yé 助 古通"耶"，用在句末表示疑问或反问的语气，相当于"吗"：夫子有忧色，何~？|是~，非~？
另见 xié。

液 yè 名 液体，能流动，有一定的体积而没有一定形状的东西：血~|溶~|汁~|唾~|~化|~态。

掖 yè 动 用手搀扶别人的胳膊，借指扶助、奖励、提拔：扶~|奖~|提~。
另见 yē。

谒 yè 动 拜见，进见：~见|拜~|晋~|参~。

腋 yè ①名 通称胳肢窝，上肢和肩膀相连处的窝状部分：~窝|~下|~毛。②名 指狐狸腋下的毛皮：集~成裘(qiú)|狐~。

伊[1] yī ①助 文言助词，用在主语或谓语前面，加强句子的语气或感情色彩：~谁之力？|下车~始。②(Yī) 名姓。

伊[2] yī ①代 称第三者，相当于他或她：~说要来的。②代 用在名词前面，起指示作用，相当于"这""那"：~年暮春|~人(那个人，多指女性)。

揖 yī 动 拱手行礼：作~|长~|让~|开门~盗。

壹 yī 数 数字"一"的大写。

椅 yī 名 椅桐，山桐子的别称。落叶乔木，高 10－15 米。木材可制器具，种子可榨油。

夷[1] yí ①名 中国古代称东方的民族：东~|淮~。②名 古代对中原以外各民族的蔑称：四~。③名 旧时泛指外国或外国人：~情|以~制~。

夷[2] yí ①形 平坦，安全：化险为~|履险如~。②动 毁坏，铲平：~为平地。③动 消灭，杀尽：~灭|~戮。

胰 yí 名 人或高等动物体内的消化腺体，分泌的液体能助消化，分泌的胰岛素和胰高血糖素等多种激素，可以调节体内糖、脂肪和蛋白质的新陈代谢。胰，在胃和十二指肠之间，也叫胰腺。

尾 yǐ 义同"尾"(wěi)，用于"尾巴""马尾儿""三尾儿"(雌蟋蟀)等口语词。
另见 wěi(小学)。

蛾 yǐ 名 古同"蚁"。
另见 é。

艾 yì ①动 惩治：~安｜自怨自~。②形 安定。③动 同"刈"，收割：耘~。
另见 ài。

抑¹ yì 动 向下压，压下去：压~｜制~｜遏扬善~｜扬顿挫。

抑² yì ①连 连接分句，表示选择关系，相当于"或是""还是"：请问黄帝者，人邪，~非人邪？②连 连接分句，表示转折关系，相当于"但是""可是"。

邑 yì ①名 旧时称都城或城市：城~｜通都大~。②名 旧时称县：本~(本县)｜~令｜~志。

奕 yì ①[奕奕]yìyì 形 精神焕发：神采~~。②(Yì)名 姓。

逸 yì ①动 逃，逃跑：逃~。②动 隐居，逃隐：隐~｜~民。③形 安闲，休息：安~｜有~有劳｜以~待劳。④动 散失：~文｜~书。⑤动 超出：超~｜~群。

肄 yì 动 学习，练习：~习｜~业(指正在学习或曾在学校学习而没有毕业)。

姻 yīn ①名 男女结成夫妻：婚~｜联~｜~缘。②名 由婚姻关系结成的亲戚：~亲｜~伯｜~弟。

茵 yīn 名 垫子、褥子等铺垫物，也泛指铺垫的东西：~席｜~褥｜绿草如~｜麦苗~~。

殷¹ yīn ①形 丰富，富足：~实｜~富。②形 情意深厚：情意~切｜雅意~拳。③形 热情周到，尽心意：~勤接待。④形 盛大：~盛｜~祀。

殷² Yīn ①名 朝代名，约公元前14世纪到公元前11世纪。商代盘庚迁都于殷(今河南安阳西北)，改商为殷。②名 姓。
另见 yān, yǐn。

淫 yín ①形 过多，过度：~雨｜~刑。②形 放纵，没有节制：骄奢~逸｜奢侈~乐｜荒~无耻。③形 指男女关系不正当：~乱｜~荡｜~秽｜奸~。④动 迷惑：富贵不能~。

蚓 yǐn 名 蚯蚓。见"蚯"。

殷 yǐn 拟声 形容雷声：~其雷。
另见 yān, yīn。

瘾 yǐn 名 特别深的嗜好：烟~｜酒~｜球~｜毒~｜~君子(讽刺吸毒成瘾的人)。

饮 yìn 动 给牲口喝水：~马｜牛~羊｜牲口~过了。
另见 yǐn(小学)。

樱 yīng ①[樱花]yīnghuā 名 落叶乔木。春季开白色或淡红色花，供观赏。原产日本，品种很多，有山樱、吉野樱、八重樱等。②[樱桃]yīngtáo 名 落叶乔木。叶子卵形，花白色或淡红色。果实红色，味甜，可以吃。也指这种植物的果实。

婴¹ yīng 名 出生不久的小孩：~儿｜~妇｜~女。

婴² yīng 动 缠绕,遭受:~疾(患病)|杂务~身。

缨 yīng ①名 古人指带子、绳子:长~。②名 古人系(jì)在下巴上的帽带:~索。③名 像缨的东西:萝卜~子|芥菜~子。④名 像穗子的装饰品:红~枪|红~帽。

鹦 yīng [鹦鹉]yīngwǔ 名 通称鹦哥,鹦鹉科各种鸟的统称。头圆,嘴钩形,羽毛色彩绚丽,有白、赤、黄、绿等。舌大而软,有的种经训练后能模仿人说话的声音,是著名的观赏鸟。产在热带:~学舌。

郢 Yǐng 名 春秋时代楚国的都城,故址在今湖北江陵一带。

颍 Yǐng 名 颍河,水名,淮河最大的支流,发源于河南东部,流入安徽省的淮河。

颖 yǐng ①名 麦子、稻子等子实带芒的外壳:~果。②名 某些细长东西的尖端:短~羊毫笔。③形 聪明:~慧|聪~|~悟|~异。

瘿 yǐng ①名 长在脖子上的囊状肿瘤,多指甲状腺肿大一类的疾病。②名 植物体受害虫或真菌的刺激而形成的瘤状物:虫~|~节。

唷 yō [哼唷]hēngyō 叹 许多人同干重体力劳动时发出的有节奏的声音。

佣 yōng ①动 出钱请人做工:雇~|~工。②名 受人雇用的工人:~人|女~。

另见 yòng。

蛹 yǒng 名 昆虫从幼虫变为成虫不动不吃阶段的一种形态,原有的幼虫组织器官逐渐破坏,新的成虫组织器官逐渐形成,最后变为成虫:蚕~。

踊 yǒng 动 跳,跳跃:~跃。

※统读 yǒng,不读 rǒng。

佣 yòng 名 佣金,也叫佣钱,指代理人或经纪人代委托人进行交易所取得的酬金。

另见 yōng。

诱 yòu ①动 引导,教导:~导|劝~|循循善~。②动 用手段引人上当受骗:~骗|~敌|引~|利~|~杀。③动 吸引:~人景色。④动 引发,导致:~致|因~|~发肠炎。

佑 yòu ①动 神灵保佑:天~|神灵~。②动 辅助,保护:~助|庇~|~护。

吁 yū 拟声 让牲口停止前进的吆喝声。

另见 xū,yù。

淤 yū ①名 水中沉积的泥沙:~泥|~河|~沟。②动 泥沙在水底沉积:~塞|~积|河道被~塞|~了一层泥沙。

予 yú 代 文言义,我:~取~求(任意求取)|人莫~毒(没有人能伤害我)。

另见 yǔ。

愚 yú ①[形]愚笨,傻:~笨|~蠢|~昧|大智若~|~不可及。②[动]愚弄,欺骗:~民政策。③[形]谦辞,用于称自己和与自己有关的事物:~见|~兄。

隅 yú ①[名]角落:城~|举一~不以三~反则不复也|向~而泣|负~顽抗。②[名]靠边,沿的地方:海~|四~都是树木|失之东~,收之桑榆。

逾 yú ①[动]超过,越过:~期|年~花甲|不可~越|~墙而入。②[副]更加:~甚。

舆[1] yú ①车,车厢:舍~登舟|~舟之便。②[名]轿子:肩~|彩~。

舆[2] yú [名]喻指地域:~地|~图。

舆[3] yú [形]众多的,众人的:~情|~论。

予 yǔ [动]给:~以帮助|授~奖状|寄~希望|免~处分。

另见 yú。

屿 yǔ [名]小岛:岛~。

与 yù [动]参加:参~|~会代表。

另见 yǔ(小学)。

域 yù ①[名]在一定范围、疆界内较大的地方,地域:区~|领~|疆~|流~|海~|异~|~外。②泛指某种范围:音~。

裕[1] yù ①[形]财富多,富余:富~|宽~|充~|余~。②[动]使富足:~民富国。

裕[2] yù [裕固族]Yùgùzú [名]我国少数民族之一,在甘肃省。

芋 yù ①[名]多年生草本植物,地下块茎呈球形或椭圆形,可供食用。通称芋头,也叫芋艿(nǎi)。②[名]泛指某些薯类植物:洋~(马铃薯)|山~(甘薯)。

吁 yù [动]呼喊求助:呼~|~请。

另见 xū, yū。

尉 yù ①[尉犁]Yùlí [名]地名,在新疆。②[尉迟]Yùchí [名]复姓。

另见 wèi。

蔚 Yù ①[名]蔚县,地名,在河北。②[名]姓。

另见 wèi。

冤 yuān ①[名]受屈枉的事,被诬陷的罪:~屈|~枉|~情|~狱|伸~|鸣~|不白之~|含~负屈。②[名]仇恨,冤仇:~家|~孽|~~相报|~家宜解不宜结。③[动]上当,受骗:有些小贩老~人|白跑一趟,真~。

鸳 yuān ①[鸳鸯]yuānyāng [名]水鸟,像野鸭,形体较小,趾间有蹼(pǔ),善游泳,飞行力强,栖息内陆湖泊和溪流中。雄鸟有彩色羽毛,很美丽。雌雄成对生活。②[名]喻指像鸳鸯一样成对的人或物:~侣(夫妻)|~瓦。

袁 Yuán [名]姓。

辕 yuán ①名在车前部两侧驾牲口的两根直木:驾~|车~|马(古时军营前用车辕交叉驾成的门,后借指军营、官署的门)。②名古时把军营前用车辕交叉驾成的门称作辕门,也指官署外门,借指官署:~门|行~。

钥 yuè ①名锁。②名开锁的器具:锁~(比喻军事要地)。
另见 yào。

岳 yuè ①名高大的山,泛指大山:山~。②名古代指我国的五大名山:东岳泰山、西岳华山、南岳衡山、北岳恒山、中岳嵩山。③名对妻子的父母或叔伯的称呼:父~|母~|叔~|家~。④(Yuè)名姓。

粤 Yuè ①名指广东和广西:两~。②名广东的别称:~剧|~菜。

员 yún 名用于人名:伍~(春秋时人)。
另见 yuán(小学),yùn。

耘 yún 动除去田里的杂草:~田|耕~|~锄。

陨 yǔn 动从高空坠落:~落|~灭|~石|~星。

孕 yùn ①动怀胎:~妇|~畜|~育|~期|~穗。②名胎儿:怀~|她有~了。③动包含,包裹:包~。

员 Yùn 名姓。
另见 yuán(小学),yún。

韵 yùn ①名汉语拼音音节中除声母以外的音素:~母|标上这个字的声、~、调。②名诗词戏曲等文学作品中的押韵(尾音相同的字):这首诗押什么~?|诗~|~律|~文|转~|叶~。③名好听的、和谐的声音:琴~|清~。④名风度,情趣:风~|~味|~致|余~。

酝 yùn ①动造酒,酿酒:~酒|~造|~酿。②名指酒:佳~|良~。

Z

宰¹ zǎi ①名古代官名:~相|太~|县~。②动主管,主持:主~。

宰² zǎi 动杀,屠杀:屠~|杀~鸡杀猪~羊|不能任人~割。

攒 zǎn 动储蓄,积聚:积~|~钱买房。
另见 cuán。

赃 zāng 名贪污、受贿或偷盗等所得的财物:~物|~款|销~|退~|贪~枉法|坐地分~|栽~陷害。

藏¹ zàng ①名仓库,储存大量东西的地方:宝~。②名佛教和道教经典的统称;佛~|道~|大~经。

藏² Zàng ①指西藏:~香|~药|红花。②名[藏族]Zàngzú 名我国少数民族之一,分布在西藏、青海、四川、甘肃、云南。
另见 cáng(小学)。

澡 zǎo 动洗身体,沐浴:洗~|搓~|~堂子|~盆。

蚤 zǎo 名 虼(gè)蚤,俗称跳蚤,昆虫,体小而侧扁,头、胸小,腹部大,无翅,足长善跳,寄生在人、畜身上,吸食血液,部分种类能传播鼠疫、斑疹、伤寒等疾病。

躁 zào 形 性情急,不冷静:急~|暴~|浮~|烦~|戒骄戒~。

噪 zào ①动 虫乱鸣,鸟乱叫:蝉~|鹊~。②动 大声喊叫:喧~|鼓~|名 声大~。③形 声音杂乱刺耳:~音。

贼 zéi ①名 偷窃财物的人:盗~|窃~|捉~|做~心虚。②名 严重危害国家民族利益的人:工~|奸~|卖国~。③动 伤害:戕~。④形 不正派的、邪恶的:~心|~头~脑|~眉鼠眼。⑤动 狡猾:老鼠真~|偷东西的人~得很,要多加提防。⑥副 很,十分:这天~冷。

曾 zēng ①形 中间相隔两代的亲属关系:~祖父(祖父的父亲)|~孙(孙子的儿子)。②(Zēng)名 姓。

另见 céng(小学)。

憎 zēng 动 痛恨,厌恶:~恨|~恶(wù)|爱~分明|面目可~。

※读 zēng,有人受赠(zèng)的影响误读为 zèng。

扎¹ zhā ①动 刺:~手|~针|~花(刺绣)|手叫针~了。②动 钻进去:~猛子|一头~入河里了|一眨眼就~入人堆不见了。

扎² zhā 动 行军在某地住下来:驻~|安营~寨|部队~在城外。

另见 zā(小学)。

查 Zhā 名 姓。

另见 chá(小学)。

喳 zhā ①拟声 模拟小鸟叫的声音:喜鹊~~叫。②叹 旧时奴仆对主人的应诺声。

另见 chā。

扎 zhá [挣扎]zhēngzhá 动 勉强支撑。

另见 zā(小学),zhā。

轧 zhá 动 用机器切或压,把钢坯压成一定形状的钢材:~钢。

另见 gá,yà(小学)。

铡 zhá ①名 铡刀,一种切草或切其他东西的器具。刀的前端安在底槽上,后端有柄,握柄可以把刀提起或落下:虎头~。②动 用铡刀切:~稻草|~麦秸。

炸 zhà ①动 物体突然爆裂:爆~|暖瓶~了。②动 用炸药、炸弹爆破:轰~|~碉堡|这座楼叫飞机用炸弹~塌了。③动 突然被激怒:他一听这话就~了。④动 由受惊扰而逃散:~营了|枪一响,鸟~了窝|羊~群了。

另见 zhá(小学)。

乍 zhà ①副 忽然,突然:~见|~冷~热|~晴~雨。②副 刚,起初:新来~到|初学~练|四月清和雨~晴。

《客中初夏》）③动惊恐,害怕:一惊一~。④动竖起,张开:吓得寒毛都~起来了|~翅|~着头发。

诈 zhà ①动欺骗,用手段骗:~骗|欺~|狡~|~财|尔虞我~|兵不厌~。②动假装,冒充:~死|~降|~称。③动骗别人说出真话:别拿话~我,我不会告诉你的。

斋 zhāi ①名屋子,常用作书房、商店的名称:书~|荣宝~。②名佛教、道教等教徒所吃的素食:吃~|信佛。③动指古人祭祀前洗澡、换衣服、不喝酒、不吃荤,戒除嗜欲,以示庄敬:~禁|~戒|~堂。④名伊斯兰教徒在伊斯兰教历九月白天不进饮食斋戒的习俗:~月|把~开~。

择 zhái 义同"择"(zé),用于口语,限于单用:~韭菜|~不开|把好的~出来,坏的扔掉。

另见 zé(小学)。

占 zhān 动古代用龟甲、蓍草占卜,预测吉凶,后来泛指用铜钱或竹签等手段推算吉凶祸福的一种迷信行为:~卜|~课|~了一卦。

另见 zhàn(小学)。

毡 zhān 名用兽毛压制成的比呢子厚的片状物:~垫|~帽|~靴|如坐针~。

颤 zhàn 动发抖,哆嗦:打冷~。

另见 chàn(小学)。

栈 zhàn ①名存放货物或留宿客商的地方:粮~|货~|客~。②名饲养牲畜的栅栏:马~|牛~。③[栈道]zhàndào 名从前在悬崖绝壁上凿孔架木,铺上竹木板等建筑的小路。

绽 zhàn ①动裂开:破~|鞋开~了|皮开肉~。②名喻指说话或做事的漏洞。

蘸 zhàn 动拿东西往液体或粉末里沾一下,使沾上这些东西:~墨水|~糖|~酱油|果酱|~着芝麻盐吃。

彰 zhāng ①形明显,显著:昭~|~明|相得益~|欲盖弥~。②形清楚:顺风而呼,非加急也,而闻者~。③动宣扬,表露:表~|~善瘅(dàn)恶(表扬好的,憎恨坏的)。

樟 zhāng 名樟树,常绿乔木,高可达30米,叶子卵形,开黄绿色小花,结紫黑色小核果。全株有樟脑香气,枝叶可提制樟脑和樟油,木材坚硬美观,可制家具、手工艺品等。

涨 zhàng ①动固体因吸收液体而体积增大:豆子泡~了|木耳泡~了。②动充满,多指头部充血:头昏脑~|脸~得通红。

另见 zhǎng(小学)。

账 zhàng ①名财物出入的记载:记~|~目|~簿|结~。②名记账的本子:一本~。③名债:借~|欠~|还~。

胀 zhàng ①动物体体积变大:膨~|热~冷缩。②动体内受刺激而产生的膨胀感觉:肚子~|头脑发~。

③动浮肿:肿~。

昭 zhāo ①形明显,明白:~彰|~著|~然|~示|~告。②动显示,使人看清楚:~雪|以~大信|以~陛下平明之理。《出师表》

沼 zhǎo 名天然的水池:~泽|池~|湖~|~气。

兆¹ zhào ①名兆头,事物发生之前显露出来的迹象:征~|预~|吉~|不祥之~。②动预先显示:瑞雪~丰年。

兆² zhào 数数字,一百万,古代指一万亿,极言众多:~民|~姓。

辙 zhé ①名车轮压出来的痕迹:车~|前有车,后有~|如出一~|重蹈覆~|下视其~,登轼而望之。②名行车规定的路线方向:上~|下~|顺~|行车要走顺~,不要走戗(qiāng)了。③名路子,办法:没~。④名戏曲、曲艺等的唱词所押的韵:合~|押韵|十三~。

蔗 zhè 名甘蔗,多年生草本植物。茎圆柱形,分蘖,有节,节间实心,表皮为紫、红或黄绿色,含糖质,可以生吃或制糖:~糖|~农。

贞¹ zhēn 动古代指占卜,问卦。

贞² zhēn ①形忠于自己的信仰和原则:坚~|忠~|不二。②形旧时的一种道德观念,指女子坚守节操,不失身,不改嫁等:~女|~妇|~节|~操|~洁。

针 zhēn ①名缝纫、刺绣时引线用的细长形工具,多用金属制成:~线|~尖|绣花~。②名形状像针的东西:松~|时~|大头~|指南~。③名中医用来刺穴位治病的针状器械、医疗方法:扎~|行~|灸~|刺~麻醉。④名西医注射液体药物用的细长形器械:~头|~筒|带~头注射器。⑤名针剂,注射用的药物:一天打两~|预防~。

斟 zhēn ①动往杯子等容器里倒茶倒酒:~酒|~茶|自~自饮。②动仔细思考问题:~酌|字句~酌。

榛 zhēn 名榛树,落叶灌木或小乔木。果实有坚硬外壳,叫榛子,果仁可食,也可榨油。

枕 zhěn ①名睡眠用来垫头的东西:~头|~巾|~席|高~无忧。②动躺着的时候把头放在枕头上或其他东西上:~着~头睡觉|~戈待旦。

疹 zhěn 名一种皮肤病,皮肤表面因发炎而起小疙瘩,多为红色,小的像针尖,大的像豆粒:麻~|湿~。

症 zhēng [症结]zhēngjié①名中医指腹腔内结硬块的病。②名比喻事情弄坏或不好解决的关键:查找企业亏损的~所在。

另见 zhèng(小学)。

怔 zhēng ①[怔忡]zhēngchōng动中医指心悸。②[怔松]zhēngzhōng动惊恐,惊惧。

怔 zhèng 〔动〕方言义,发愣,发呆:~住了。
另见 zhēng。

脂 zhī ①〔名〕动物和植物体内所含的油质:~肪|松~|油~。②〔名〕含脂的化妆品,特指胭脂:~粉|涂~抹粉|面如敷粉,唇若施~。

吱 zhī 〔拟声〕模仿物体摩擦、鸟虫鸣叫等的声音:知了~~地叫着|门~的一声开了。
另见 zī。

侄 zhí 〔名〕弟兄的儿子,其他同辈男性亲属或朋友的儿子:~儿|~子|~媳妇|~族|~内|~贤。

旨¹ zhǐ 〔形〕味美:~酒|甘~。

旨² zhǐ ①〔名〕意义,用意,目的:主~|要~|宗~|~趣。②〔名〕意旨,特指皇帝的命令:圣~|遵~|抗~。

趾 zhǐ ①〔名〕脚指头:脚~|~骨。②〔名〕脚:~高气扬。

识 zhì ①〔动〕记住:博闻强~|默~不忘。②〔名〕记号,标志:款~。③〔动〕记述:附~。
另见 shí(小学)。

秩¹ zhì 〔名〕次序:~序。

秩² zhì 〔量〕十年,多用于老年人的年纪:年逾六~|七~寿辰|八~晋三(八十三岁)。

掷 zhì 〔动〕抛,扔,投:投~|弃~|铅球孤注一~|~地有声。

窒 zhì 〔动〕阻塞不通:~息|~碍。

滞 zhì ①〔动〕停留:~留|停~不前。②〔形〕流通不畅:~销(货物销路不畅,不易售出)|~货|淤~。③〔形〕呆板:呆~|板~|~涩。

盅 zhōng 〔名〕没有把儿的小杯子:酒~|茶~。

衷 zhōng ①〔形〕同"中",正中,不偏:折~。②〔名〕内心:~心|苦~|言不由~|无动于~。

肿 zhǒng 〔动〕皮肤、肌肉等组织因发炎、化脓、内出血等病因而浮肿:红~|浮~|~腿了|脸上~起一个包。

仲 zhòng ①〔形〕位置居中的:~裁。②〔形〕代表兄弟排行中第二的:~兄(二哥)|伯~叔季。③〔形〕指一季的第二个月:~春|~夏|~秋。④(Zhòng)〔名〕姓。

帚 zhǒu 〔名〕扫除尘土、垃圾等的器具,一般用高粱穗、竹枝、棕片等绑扎而成:扫~|笤~|敝~自珍。

咒 zhòu ①〔名〕某些宗教或巫术中自称念咒能除灾降妖驱鬼的口诀:~语|符~|~念~。②〔动〕诅咒,说希望别人不吉利的话:~骂|诅~。

术 zhú ①〔苍术〕cāngzhú〔名〕多年生草本植物,秋天开白色或淡红色花,根状茎褐色,有香气,可入药。②〔白术〕báizhú〔名〕多年生草本植物,秋天开紫色花,根状茎黄白色,有香气,可入药。

另见 shù(小学)。

属 zhǔ ①动连接,连续:连~|前后相~|挽炮车者,络绎相~。(《观巴黎油画记》)②动撰著,写作:~文|缀字~篇|~草稿未定。③动意念集中到一点:~意|望~|~思。④动同"嘱":~予作文以记之。(《岳阳楼记》)

另见 shǔ。

贮 zhù 动储存,积存:~藏|~存|~粮万斤|每韵为一帖,木格~之。(《活板》)

蛀 zhù ①名蛀虫,指咬食树干、衣服、书籍、谷物等的小虫,如天牛、衣蛾、衣鱼、米象等。②动(蛀虫)咬坏:~蚀|~空|虫~|鼠咬|柱子被~空了|箱子被虫~个洞。

转 zhuǎi 动为了显示有学问,说话时故意使用生僻深奥的文言词句:这位先生说话好~文。

另见 zhuǎn(小学),(zhuàn)(小学)。

赚 zhuàn ①动获得利润:他做生意~了一大笔钱|做买卖有~有赔。②动挣:每月~不了多少钱|打一天工~十多元钱。

另见 zuàn。

撰 zhuàn 动写作:编~|~文|~稿|~述。

幢 zhuàng 量用于房屋,房屋一座叫一幢:几~高层大楼|一~白墙红瓦的房屋。

另见 chuáng。

椎 zhuī 名椎骨,构成脊柱的短骨:脊~|胸~|颈~|腰~。

另见 chuí。

锥 zhuī ①名锥子,一端有尖头用来钻孔的锐利工具:~处囊中。②名形状像锥子的东西:改~|冰~|棱~|圆~体。③动用锥子一类的东西钻孔:~了一个眼儿|在马粪纸上~一个洞。

缀 zhuì ①动用针线缝合:~扣子|补~|~破衣服。②动联结,组合:连~|~合|~玉联珠。③动装饰:点~。

赘 zhuì ①形多余没用的:累~|~述|~言|~瘤。②动男子到女家结婚并成为女家的家庭成员:入~|招~|~婿。

谆 zhūn [谆谆]zhūnzhūn 形形容教导恳切而有耐心:~教导|~嘱咐|~告诫|~教诲。

拙 zhuō ①形笨,不灵巧:手~|口~|眼~|笨嘴~舌|笨~|~劣|弄巧成~。②形谦辞,称有关自己的人或事物:~文|~著|~见|~荆(旧时谦称自己的妻子)。

灼 zhuó ①动烧,烤:~伤|~热|烧~。②形明亮:闪~|目光~~|~然可见。③形明白,透彻:真知~见。

茁 zhuó ①形动植物生长旺盛:~长|~壮。②动植物初生,发芽:

214

这盆万年青~出了新芽。

卓 zhuó ①形 高而直:孤峰~立。②形 高明的,不平凡的:~绝丨~著丨~越丨远见~识。③(Zhuó)名 姓。

酌 zhuó ①动 斟酒,饮酒:对~丨自~自饮。②动 舀取:徐以杓(勺)酌油沥之。(《卖油翁》)③名 酒饭,酒宴:便~丨菲~丨聊备小~。④动 斟酌,估量:~情丨~定丨~情处理丨~量办。

琢 zhuó 动 雕刻玉石,使成器具:精雕细~丨玉不~,不成器丨~磨(比喻精益求精)。

另见 zuó。

滋¹ zī ①动 增长,繁殖:~生丨~长丨~蔓。②动 引起事端:~事(惹事,制造纠纷)丨酗酒~事。③动 增添,加多:~补丨~养丨~益。④名 味道:~味丨有~有味。

滋² zī 动 喷射:水管子~水丨~了我一身水。

吱 zī ①拟声 模拟老鼠等小动物的叫声:老鼠~~地叫。②动 做声,发出声音:我问他,他不~声。

另见 zhī。

姊 zǐ 名 姐姐:~妹。

籽 zǐ 名 同"子",植物的种子:棉~丨菜~儿丨葵花~丨莲~丨松~丨瓜~。

宗¹ zōng ①名 祖宗,光~耀祖丨列祖列~。②名 家族,同一宗族的人:同~丨~兄丨~亲。③名 宗派,派别:正~丨~派丨禅~。④名 宗旨,主旨:开~明义丨万变不离其~。⑤动 尊崇,效法:~仰丨他的唱工~的是梅派。⑥名 为众多的人所师法的人:文~丨师~丨~匠。⑦量 用于事物:一~心事丨大~款项丨大~货物丨几~案卷。⑧(Zōng)名 姓。

宗² zōng 名 旧时西藏地区的行政区划单位,大致相当于县:旧时全西藏置53~,各置官员管辖。

卒¹ zú ①名 兵士:士~丨一兵一~丨身先士~。②名 旧指差役:走~丨狱~。

卒² zú ①动 完毕,结束:~业丨~岁。②动 死亡:生~年月。

卒 副 终于,最终:~并六国而成帝业丨廷见相如,毕礼而归之。(《廉颇蔺相如列传》)

诅 zǔ 动 祈祷鬼神加祸于所仇恨的人,也指咒骂:~咒。

钻 zuàn ①名 钻孔用的工具:电~丨风~丨~头丨~床。②名 指钻石:~戒。③名 指宝石轴承:这种手表是17~的。

另见 zuān(小学)。

赚 zuàn 动 方言义,骗:又~我空欢喜一场。

另见 zhuàn。

琢 zuó [琢磨]zuó·mo 动 思考,探求:他老~这件事丨这个问题要仔细~。

另见 zhuó。

撮 zuǒ 量 用于成丛的毛发等：一~儿毛｜一~胡子｜后脑勺留着一~头发。

另见 cuō。